面従腹背

前川喜平

毎日新聞出版

面従腹背

はじめに

個人の尊厳、国民主権

公務員としての匿名性

日本記者クラブからのお招きを受けて記者会見を行ったのは、2017年6月23日のことだった。会見の最後に、色紙に何か言葉を書いて皆さんに見せるよう求められた。私は「個人の尊厳」「国民主権」と書いた。

この言葉は、その場に居合わせたジャーナリストの方々やその向こうにいるであろう市民の方々に向けた言葉というよりは、公務員として仕事をする人たち、就中《なかんずく》文部科学省で仕事をしている私の後輩たちに送りたいと思った言葉だ。

公務員は代議制民主主義の下、国民・住民の代表者の下でその政治的意思に従い、組織として一体となって仕事をする。一体となった組織の中で、個人の意思は捨象される。その意味で公務員は匿名である。課長、部長、局長、事務次官といった職分で仕事をするのであって、○川○平といった個人の名前は意味を持たない。私個人の名前の入った文書であっても、それは私個人の意思を表したものではない。

だから、ときとして（あるいはしょっちゅう）自分の意に反する仕事をしなければならないことが起きる。私の職名と名前で出された通知の中には、私の意見と異なることがいっぱい書いてある。しかし、それは組織として仕事をしている以上、やむを得ないことなのだ。組織として決定し、組織として実行しているのだから、組織の一員として組織の方針に従わなければならない。

しかしそれは決して、組織の考え方と異なる見解を持ってはならないということではない。個人としてどのような見解を持つかは自由だ。それはあまりにも当然のことなのだが、実際には組織の中で仕事をするうちに、その組織の論理に完全に同化していく人間が出てきてしまう。本人は自分個人の意見だと思っているのかもしれないが、実はそれは組織の方針を自分の意見として丸ごと受け入れているだけだということが多い。そのほうが楽なのだ。与えられた職務と自らの内心との葛藤を経験せずに済むからだ。人間は無意識のうちに、楽な選択、得な選択をして、それを正しい選択だと考えようとする性《さが》を持っている。しかも、組織の論理は、組織の正当性を説明するため、よく練られており、いかなる批判に対してももっともらしい反論を備えていることが多いから、組織の論理を修得してそれを繰り返していれば、十分そこに安住できる。いわば「正当性のシェルター」のようなものなのだ。寄らば大樹の陰、長いものには巻かれろ、ということだ。

個人の見解が常に組織の方針と一致するなどということはあり得ない。常に一致しているとすれば、それは、実のところ個人の見解が存在しないということだ。

尊厳のある個人として

「ＳＥＡＬＤｓ（シールズ）」の中心メンバーとして活動した奥田愛基《あき》君が国会の参

考人として出席したときに発した言葉が忘れられない。2015年9月15日、参議院の平和安全法制特別委員会の中央公聴会に参考人として招かれた彼は、その意見陳述の締めくくりに当たって、居並ぶ政治家たちにこう訴えた。「どうか、政治家の先生たちも、個人でいてください。政治家である前に、派閥に属する前に、グループに属する前に、たった一人の『個』であってください」と。政治家の多くは特定の政党に属しており、各政党にはその理念や方針、政策がある。「党議拘束」もある。しかしそれでも、一人ひとりの政治家には個人の思想、個人の見解というものがなければおかしい。奥田君はこうも言った。「皆さんには一人ひとり考える力があります」。居並ぶ国会議員たちは、この若者にそう言われて、どう思ったのだろう。「自分の頭で考える」という当たり前のことができない大人は多い。

何よりもまず「個」であるべきだということは、政治家だけでなく一般職の公務員にも当てはまる。組織の中にいて組織として仕事を行う上では、組織の論理に従っていたとしても、個人としての思想、良心、理想、信条、見解というものがなければおかしい。それは、自分の頭で考えることができるということだ。人間として最低限の条件だとも言える。日本国憲法は「個人の尊厳」を至高の価値として認めることを大前提としている。政治家であろうと公務員であろうと、一人ひとりは尊厳ある個人である。自由な精神を持つ人間である。自由な精神を蔑《ないがし》ろにすることはできない。

私が後輩である現役公務員に伝えたいのは、組織の論理に従って職務を遂行するときにおいても、自分が尊厳のある個人であること、思想、良心の自由を持つ個人であることを決して忘れてはならないということだ。組織人である前に一個人であれ、ということだ。自由な精神を持つ独立した人間であってほしい、ということだ。それは、組織人として行っている職務が、人間として正しい行動だと言えるかどうか、個人である自分が常に組織人である自分の姿を見つめているということでもある。それは公務員として仕事をしていく上では、確かな人権感覚を持つということにつながる。尊厳ある個人としての自覚を持っていれば、個人の尊厳が侵される事態を直ちに感得することができるはずだからだ。

主権者である国民として

一人ひとりの個人は、同時に主権者である国民の一人でもある。組織人である前に一個人であるのと同様、公務員である前に一国民である。日本国憲法前文に記されているとおり、国政は国民の厳粛な信託により行われるべきものであり、その福利は国民が享受すべきものである。公務員は国民の代表として選ばれた政治家の下で仕事をするが、その公務員も主権者たる国民の一人である。そのことを忘れてはならない。つまり、公務員として行っている職務が、本当に国民のためになっているかどうか、国民である自分が公務員である自分を見つめているということだ。

主権者である国民としての視点を常に持っていれば、憲法が国家権力の横暴や暴走を防ぐためのものだという立憲主義に立って国の在り方を考えるだろうし、権力の私的な濫用や国政の私物化が行われる事態を直ちに感得することもできる。自らの力でそれを是正することが叶わないとしても、それが国民の信託を裏切るものであることははっきりと認識できる。加計学園問題で文科省の内部情報を外部に提供した現役職員は少なくとも3人は存在すると思われるが、彼らは主権者感覚を持ち得た人たちなのだろう。

主権者としての意識を持つ公務員は、憲法が命じる公務員の在り方に忠実であろうとする。憲法第15条2項は「すべて公務員は、全体の奉仕者であって、一部の奉仕者ではない」と定めている。権力を持つ者が一部の者の利益のためにその権力を使おうとするなら、それに抗《あらが》おうとするのは、公務員として当然のことだと言わねばならない。

また、憲法99条は、公務員は「この憲法を尊重し擁護する義務を負ふ」と定めている。憲法を制定した国民としての自覚を持つ公務員は、自ら進んで憲法の尊重、擁護に努めるであろう。２０１４年7月1日、安倍内閣は憲法上集団的自衛権の行使が認められるとする憲法解釈を閣議決定した。日本国憲法は個別的自衛権を認めてはいるが、集団的自衛権は認めていないというのはすでに定着した解釈であるから、この閣議決定は憲法違反だと言わざるを得ない。国民が定めた憲法によって国は縛られる。

それが立憲主義だ。その国が自ら勝手に憲法の縛りを解くことなど許されるわけがない。それは立憲主義に対する重大な侵犯である。毎日新聞（２０１５年9月28日付）によると、この閣議決定が行われる前日、内閣法制局は内閣官房の国家安全保障局から審査のために閣議決定案文を受領。閣議当日の翌7月１日には憲法解釈を担当する第１部の担当参事官が「意見はない」と国家安全保障局の担当者に電話で伝えたそうだ。明らかに憲法違反だと知りつつ、「意見はない」と伝えた法制局参事官は、一体どんな気持ちだったのだろう。自分が憲法99条に反する行為を行っているという自覚はあったはずだ。彼の人格の中にいる「主権者」は、この日に死んだのだ。

もし私がこの法制局参事官の立場にいたら、どうしただろう。「反対」の意思表示をして辞職しただろうか。黙って面従《めんじゅう》しつつ腹背《ふくはい》して内部情報をリークしただろうか。自らの内なる「主権者」を少しでも慰めようと、夜陰に紛れて国会正門前のデモに加わっただろうか。実際の私は、２０１５年9月18日、安保法制の参議院可決の夜、文科省を退庁後に雨のそぼ降る中、シールズの若者たちに混じって「憲法守れ」「アベはやめろ」「集団的自衛権は要らない」と抗議の声を上げていた。私の中の「主権者」

が、どうしてもその夜にそれだけはやっておかなければ死んでしまうと呻《うめ》いていたのである。

携帯電話のスケジュール表に、その日の私はこう書いた。

「違憲立法成立の日・柳条湖《りゅうじょうこ》事件の日　84年前の1931年9月18日も金曜日であった」

文部省・文部科学省での38年

ここで私の経歴を簡単に紹介しておこう。私は1979年4月に文部省に入ると、大臣官房総務課審議班という組織の中枢で係員として3年3カ月を過ごした。その後行政官長期在外研究員に選ばれイギリスの大学院に2年間留学。1984年7月に帰国して2年間係長として高等教育行政に携わり、その後宮城県教育庁（教育委員会事務局のこと）への出向を命じられ、2年間行政課長という課長職を経験した。文部省へ戻ると、直ちに外務省への出向を命じられ、外務研修の後、1989年3月にフランスの日本政府ユネスコ常駐代表部で一等書記官として勤務した。日本が提案したユネスコ憲章の改正が行われたのはそのときだ。

１９９２年3月に帰国して大臣官房政策課の政策調査官、その後大臣官房総務課の法令審議室長や副長（総務課長に次ぐ職）を経て、１９９４年6月に村山富市氏を首班とする自民党・社会党・新党さきがけの連立内閣で任命された与謝野馨文部大臣の秘書官になった。与謝野大臣の在任時に、阪神淡路大震災やオウム真理教事件が起きる。１年あまり大臣秘書官を務めた後、地方交付税措置などについて自治省（当時）との折衝窓口だった教育財務企画室長などを経て、１９９７年7月に文化庁の宗務課長（宗教法人担当課長）になった。１９９８年から２０００年までの2年間は内閣官房に出向し、中央省庁等改革推進本部の参事官（課長相当職）として省庁再編の仕事に従事。２０００年に文部省へ戻り教育助成局（当時）の教職員課長。２００１年には科学技術庁との統合により文部科学省が誕生し、教育助成局は初等中等教育局に吸収された。

その後初等中等教育局の中で、教職員課長、財務課長、初等中等教育企画課長を歴任した。小泉純一郎内閣の目玉改革だった「三位一体の改革」に抵抗して義務教育費国庫負担制度を守るための取り組みをしたのはこの頃だ。2006年7月に大臣官房総務課長になった。第1次安倍内閣のもとで教育基本法の改正が行われたのは、このときだ。2007年7月から3年間初等中等教育局担当審議官。そのとき、民主党政権が誕生し、高校無償化制度ができた。次に1年半大臣官房総括審議官。そのとき東日本大震災が起きた。その後大臣官房長として民主党政権の歴代大臣と自公連立安倍政権の下村博文大臣に仕え、2013年7月には初等中等教育局長の職に就いた。

約1年間の局長在職中に携わった制度改正は3つある。1つめは高校無償化制度の見直しによる奨学給付金制度の導入、2つめは八重山教科書問題に端を発した教科書無償措置法の改正による共同採択制度の改革、3つめは地方教育行政法の改正による教育委員会制度の改革である。2014年7月には文部科学審議官に昇任した。2015年9月18日の夜には、国会正門前の安保法制反対のデモに加わった。2016年6月に事務次官に就任。2017年1月20日、いわゆる「天下り問題」の責任をとり、懲戒処分を受けた上で退職した。

面従腹背しながら進む

公務員は「全体の奉仕者であって、一部の奉仕者ではない」（憲法15条2項）。本当の意味で「全体の奉仕者」になるためには、一個人であり一国民である自分自身に正直にならなければならない。一個人として自分は何を国に求めるか、一国民として自分はどのような国を望むか、そこを基点としてしか国民全体の幸福を考えることはできないのだ。

「面従腹背」は、あるテレビ局のインタビューを受けたときに、私の座右の銘だと言って口にした言葉だ。実際に、私は38年の公務員生活においてさまざまな局面で面従腹背してきた。一個人として、一国民として、全体の奉仕者として自分が進むべきだと思う方向が、組織の進む方向とは異なるとき、そして自分の力では組織の動く方向を変えられないとき、取るべき道は組織に従って残留するか組織に従わず離脱するかの二者択一になるだろう。組織に残る以上は面従せざるを得ない。しかし自分の裁量の及ぶ限りでは自分の考える全体の利益に近づくよう努め、機会が来れば組織の方向そのものを転換しようという思いを抱いているという意味で腹背する。私は、組織と対立したり、組織から離脱したりすることなく、あくまでも組織に残り、面従腹背を繰り返しながら、文部科学省という組織の中で行政の進むべき方向を探し続けてきた。

２０１７年1月に文部科学省を退職してからは、加計学園問題で安倍晋三首相の「ご意向」により公正・公平であるべき行政が歪められたことについて発言し、また安倍政権の教育政策や改憲案を批判してきた。私に「職務命令」を発する上司はいなくなったのだ。退職して、私は表現の自由を最大限に発揮することができるようになった。もう面従も腹背も要らない。その代わり、国の教育行政をその内側から動かしていく立場を失った。今は在野の立場で働きかけることができるだけだ。

本書は、私の38年に及ぶ文部省・文部科学省における公務員生活を振り返り、自分の理想と組織の現実との矛盾や相剋《そうこく》の経験、すなわち面従腹背の日々を思い出すままに書き連ねたものである。

「面従腹背」目次

ブックデザイン　鈴木成一デザイン室
編集協力　阿部えり
ＤＴＰ　鈴木成一デザイン室、センターメディア
写真　カバー＝川田雅浩（毎日新聞）
前川喜平＝宮武祐希（毎日新聞）
寺脇研＝森園道子（毎日新聞）
倉重篤郎＝内藤絵美（毎日新聞）

第1章
文部官僚としての葛藤

組織への違和感

青臭い議論を交わした二人の先輩

振り返って考えてみると、私は39年前文部省に入省したときから事務次官を最後に退官したときまで、つまり公務員生活の最初から最後まで、組織への違和感を持ち続けていたように思う。心の中では、いつも自由を求めていた。朝仕事に出かけるときに、駅で逆向きの電車に乗って放浪の旅に出たいなどと思ったことは幾度となくある。もちろん、社会生活も職業生活もさまざまな規律の下で営んできたし、あえて反逆する行動に出ることはしなかったが、自律以外の規律は、私の心を縛るものとしては存在しなかった。内心においていかなる法も規律も認めず、国家に従属したり国家の部分として存在したりすることを拒否するという意味において、私はアナキストだったとも言える。

しかし、表面上はしっかりと組織人として行動した。入省当初は、(強い違和感を抱きつつも)組織に適応しようと努力した。

1979年4月文部省に入った私は大臣官房総務課審議班という部署に配置されたのだが、当時の文部省内では、勤務時間を過ぎるとどの部屋からもジャラジャラという麻雀の音が聞こえた。どの部屋にも2~3卓の麻雀卓があり、それを狭い執務室の中に巧みに広げて賭け麻雀をするのだ。本当に毎日やっていた。私は学生時代に麻雀をしたことがなかったので、最初はかなり面食らった。「私はできません」と断っていたが「1人足りないんだ。やり方は教えてやるから入れ」と言われて、加わるようになった。ビギナーズ・ラックで大三元で上がったこともある。麻雀を楽しむ上司・先輩のため、お酒を用意したり夜食の出前の注文を聞いたりするのも「仕事」だった。

ある冬の日、芋焼酎のお湯割りをつくっていたところ、誤って手を滑らせ、芋焼酎の瓶を床に落としてしまったことがある。芋焼酎が床一面に広がり、慌てて雑巾で拭いたのだが、強烈な臭いが残った。その臭いは2～3日消えなかった。そんな職場に疑問を感じつつも、まずはこの組織に適応するしかないと自分に言い聞かせ、下働きの日々を過ごしていた。

7年先輩の河野愛さんや4年先輩の寺脇研さんに誘われて飲みに行くこともあった。赤坂見附のバーに集まって青臭い議論を交わしたものだった。河野さんは本当にまっすぐな人だった。一本気なだけに上司と衝突することもあったが、我々には厳しくも優しい先輩だった。1992年に文部省が編纂《へんさん》した「学制120年史」は、編纂担当の調査統計課長だった河野さんが心血を注いだ著作物である。河野さんが学生時代にセツルメント活動をしていたということは、最近になって初めて知った。

河野さんとの思い出の一つは、「青草書生塾」のことだ。

河野さんが調査統計課長だった頃、私はその隣の大臣官房政策課で政策調査官（課長補佐クラス）という職にいた。ある日の課長補佐クラスの飲み会の席上で、私が「教育委員会は形骸化している。制度の抜本的な見直しが必要だ」という意見を開陳したところ、ある後輩が「たまにはこういう青臭い書生論もいいですね」と言った。

言外に「そんな議論したって意味がない」と言っていたのだ。私の意見に反論するなら結構なのだが、そもそも議論をしようとしないのだ。

現状に疑問を抱き改革の可能性を考えることが「青臭い書生論」だと言うなら、結構だ、青臭い書生論ばかりやる場を作ろうと考えた。そこで始めたのが「青草書生塾」である。月に1度くらいの頻度で心ある若手職員に集まってもらい、外部の専門家や有識者を招き話をしてもらい、それを踏まえて議論をした。家庭裁判所の調査官に来てもらったこともある。若手を集めているつもりなのに、すでに課長だった河野愛さんが来たので困惑した記憶がある。河野さんも「青臭い」人だったのだ。

河野さんは文化庁の伝統文化課長だったとき病に倒れ、帰らぬ人となった。享年47。今でもどこかから「前川君、しっかりしなさい！」という河野さんの叱咤《しった》の声が聞こえるような気がする。

寺脇さんは、若い頃から破天荒な人だった。「俺はB級映画評論家だ。映画評論だけでは食えないから、役人やってるんだ」なんてことを言っていたのを覚えている。しかし、こうした衒奇《げんき》的言辞とは裏腹に、正しいと信じる政策を進めるときはなりふり構わぬところがあった。毎朝きちんと出勤するわけではなく、神出鬼没とでも言おうか、どこで誰に会って何を企てているのやら、まったく分からない。役人の規格を大きく外れた存在だった。河野さんが亡くなったときには、寺脇さんの企画・編集により「心　愛さんへ」と題する追悼文集が出版された。

河野さんと寺脇さん、この二人の先輩のおかげで、私は組織に埋没することもなく、組織から脱出することもなく、違和感を覚えながらも自己を保ち、組織の中に棲《す》み続けることができたのだと思う。

職務命令で「建国記念の日」式典に潜入

私が一係員として在籍する大臣官房総務課に課長として異動して来られたのが加戸守行氏だ。総務課長というポストは、従来事務次官候補者が任命されるポストだと考えられており、当時から省内では加戸氏はいずれ次官になるだろうと言われていた。実際には、リクルート事件の渦中で、１９８９年4月、当時の西岡武夫文部大臣に首を切られる形で、大臣官房長を最後に退官された。退官後は、公立学校共済組合理事長や日本音楽著作権協会（ＪＡＳＲＡＣ）理事長を歴任ののち、１９９９年に愛媛県知事に出馬し当選された。加戸氏は、２０１７年７月国会の閉会中審査に呼ばれ、加計学園問題に関する発言を行った人物でもある。

加戸守行氏はもともと国家主義的考えの持ち主だ。愛媛県では２００１年に県立学校で「新しい歴史教科書をつくる会」の教科書を採択した。教科書採択は教育委員会の独立した権限であって、知事には口を挟む法律上の権限はないのだが、このときの採択に加戸知事の影響があったであろうことは想像に難くない。

加戸氏が大臣官房総務課長で、私がその部下の係員だった頃のことだ。１９８１年の2月11日の建国記念の日に民間団体（奉祝運営委員会）が行った奉祝式典に対し、文部省は初めて後援名義を与えた。加戸課長の職務命令により、私はその式典に一般参加者として出席しその模様を確認するという任務を与えられた。式典が始まる前に参加者たちが自ら起立し、紀元節の歌を歌い始めた。「雲に聳《そび》ゆる高千穂の……」で始まる歌だ。紀元節復活に文部省がお墨付きを与えたようなものである。翌日、加戸課長にその模様を報告すると、加戸氏は満足げな表情を浮かべていた。総務課長室の壁には、その奉祝式典の大きなポスターが誰にでも見えるように貼ってあった。

言うまでもなく、紀元節は初代天皇とされる神武《じんむ》天皇が橿原宮《かしはらのみや》で即位した日だとされている。もちろん史実ではなく神話であるが、日本書紀の記述をもとに明治政府がこの即位の日を割り出したところ、紀元前660年の2月11日だとされた。実際にはこの頃の日本は縄文時代だったのだが、この神武即位を史実として扱うのが皇国史観である。紀元節は、天皇を中心に国家統合を図るための一つの象徴として定められたものであり、天皇を現人神《あらひとがみ》と崇《あが》め、日本という国の根拠を神話に求めようとする神話的国家観に基づくものであって、個人の尊厳と国民主権を基本とする日本国憲法の原理とはまったく相容れない。

1966年、2月11日が「建国記念の日」に定められたが、これは明らかに紀元節の復活を狙うものだった。その趣旨は「建国をしのび、国を愛する心を養う」とされている。わずかに「記念」と「日」の間に「の」という字を入れることにより、2月11日を建国が行われた日だとしているのではなく、神武即位を史実とする紀元節をそのまま復活させるものでもないという説明を可能にしていた。

しかし、私が「潜入」した式典では紀元節の歌が歌われ、あたかも紀元節の復活であるかのような雰囲気が醸成されていたのである。私はそれを大きな懸念をもって受け止めたのだが、加戸氏はそれに満足していたのである。

部下は家来ではない

新宿2丁目にウィンザーというスナックバーがあった。今はなき伝説の店である。そこは加戸氏の行きつけの店だった。部下の一人だった私も頻繁に連れて行かれた。その店には加戸氏用の三度笠が備え付けてあり、同行した職員は皆加戸氏の美声を聞かせていただくのだった。店のママさんは、我々のような下っ端職員を店の給仕として使った。つまみを載せた皿を運んだり、水割りを作らされたりしたものだ。

こうした飲み会では、「前川、前川清を歌え」などと周りの先輩から言われ、内山田洋とクール・ファイブの「長崎は今日も雨だった」を歌ったりした。私自身は歌うこと自体にそれほど抵抗は感じなかったが、連れて行かれた人たちの中には、明らかに歌うことが苦手だという人もいた。しかし、そういう人も、周りから「お前の番だ。歌え」と言われれば、歌わないわけにいかない。先輩職員が苦しげに歌う姿を見るのは苦痛だった。

連れて行かれた職員の中には、そもそも酒が飲めない人もいた。部下たちに付き合わせて、飲みかつ歌う。本人が楽しいだけでなく、周りの人間も楽しいはずだと信じ切っている。こうした酒と歌の強要は、今の常識から考えればパワハラの域に達していたと思う。

午前0時を過ぎる頃、そろそろお開きとなる。そのとき上司たちのために帰りのタクシーを拾ってくるのがまた、我々下っ端の「仕事」だった。当時はタクシーの台数が規制されていた頃で、電車がなくなる時間帯のタクシーはなかなか見つからない。冬には寒風にさらされながら一生懸命空車を探した。

この頃（1980年頃）の文部省の幹部たちは、自分の金では飲んでいなかった。我々も一銭も払ったことはない。すべて役所の金で飲んでいた。それはどの部署でも同じだった。各課の庶務担当補佐は裏金の金庫番であり、支払いはその裏金から行われていた。裏金は「空出張」などでつくっていた。実際には行っていない出張に行ったことにして、出張旅費を浮かし、裏金にするのだ。私も覚えのない出張が記載された出勤簿に判子を押せと言われたことがある。

少し話は飛ぶが、こういう裏金づくりは、おそらくどの役所でも行われていた。国の中央官庁だけでなく、地方の役所でも同様である。

私が宮城県教育委員会の行政課長だったとき（1986〜1988年）、ある県議会議員からパーティー券を役所の金で買ってくれと言われたことがある。裏金の存在を知っているから、そのような要求が来るのだ。高石邦男元文部事務次官が衆議院選挙に出ようとしていたときには、文教施設部助成課長（当時）から高石氏のパーティー券を買うよう求められたこともある。文教施設部助成課は全国の公立学校の施設整備の補助金を抱えており、各自治体は少しでも早く、少しでも多くその補助金をもらおうと汗をかいていた。その課が政治資金集めの元締めをしていたのだ。「パーティー券をたくさん買ったら、補助金もたくさん付けてやる」と言わんばかりの圧力を感じた。私は上司と相談の上、やむなく教育長、教育次長及び私の3人で、ポケットマネーで3枚だけ購入した。

文部省から仙台へ出張で来た審議官に2日連続でゴルフに付き合わされたこともある。出張とは名ばかりの、公費を使った私的旅行だった。国の役所から来た出張者に観光案内をすることは、地方公務員の当然の仕事であるかのように思われていた。

入省したばかりの頃は、麻雀や飲酒やカラオケに付き合わされ、その下働きもさせられる。こんなことは「仕事」ではないはずだ。こんなことをさせられるために役所に入ったわけではない。そう反発する気持ちは常にあったが、内心に押し殺していた。「部下」と「家来」は違う。部下は職務の上では上司の命を受けて働くが、職務外でこき使われる筋合いはないはずだ。封建時代の家来なら、身も心も主君に捧げ、1日24時間、1年365日主君のために働くのだろうが。

強い違和感を覚えながらも、「郷に入れば郷に従え」、この職場で仕事をすると決めたのだから、まずこの職場になじまなければならないと自分に言い聞かせて「家来」のような仕事もやっていた。しかし、一方で自分が上に立つようになったら、部下にこのような思いはさせまいと、内心誓っていた。だから、私は自分から部下を誘って飲みに行くことはほとんどしなかった。上司の誘いはなかなか断れないものなのだ。

仕事以外で苦痛を感じたものはほかにもある。職場のゴルフ大会もそうだ。初心者のままコースに出され、OBを出しまくり、空振りもし、しょっちゅうボールをなくし、何打打ったか覚えていないというようなゴルフだ。私にとっては苦痛以外の何物でもなかった。

そのトラウマは今に至るまで残っており、もう20年以上ゴルフはしていない。

「お役所言葉」への違和感

強い違和感を抱きながらも、役所に入ったばかりの私は、なんとか早く組織に適応しようと努力していた。上司、先輩に教わりながら、一つひとつ覚えていった。パソコンもワープロもない時代、文書は罫紙に手書きで清書しコピーをとる方法が普通だった。私は比較的字がきれいだったため、しょっちゅう清書をさせられた。上司である係長の書いた字が読みづらくて困ったものだ。あるとき標題に「○○について（未定稿）」と書かれた原文を渡され、清書を命じられた。それを清書したら未定稿ではなくなる、と私は勝手に思い込み、（未定稿）の文字を書かないまま清書を終え、コピーして配ってしまった。その後で上司に怒られた。「未定稿」は最終版ではないという意味であって、清書前の原文を意味するわけではなかったのだ。今でも忘れない失敗だ。

今はもう使わなくなった千枚通しと紙縒紐《こよりひも》。原議書（決裁文書）を綴じるときは千枚通しで穴を開け、紙縒紐を通して結ぶ。結構技術を要する仕事だった。閣議請議書などの公文書は専門のタイピスト（定年間近の女性職員だった）が一字一字活字を拾って打つ和文タイプだった。仕上がった文書は、原文と読み合わせをして正確を期する。一人が読み上げて、もう一人が文字を目で追って確認するという二人がかりの仕事だ。そのときに読み上げるほうの職員は、漢字とひらがなを区別するため「者」は「もの」ではなく「しゃ」と、「一日」は「ついたち」ではなく「いっぴ」と読む。「定める」「改める」「削る」は「さだめる」「あらためる」「けずる」ではなく「ていめる」「かいめる」「さくる」と読む。そういう風に読むことによって、その部分の字が平仮名ではなく漢字であることを伝えるのである。

今でも役所では、読み合わせをしているわけでもないのに、「者」を「しゃ」と読むことがある。最近の例では、裁量労働制の労働者と一般の労働者の労働時間を比較して前者のほうは短いという間違ったデータを、裁量労働制の拡大を正当化する根拠に使われて、政府への批判が集まったが、その際役人だけでなく国会議員までもが「一般の者」を「いっぱんのしゃ」と読んでいた。

「者」はやはり「もの」と読むべきだ。それが普通の日本語であり、普通の日本国民に通じる言葉だ。「しゃ」と読んだら、通じないのは当たり前だ。公務員はできるだけ多くの国民が理解できるよう、できるだけ分かりやすい言葉を使うべきである。わざわざ役人にだけ通じる「隠語」のようなものを使うべきではない。

同じような例としては「施行」という言葉がある。この言葉は、普通の日本語では「しこう」と読む。ところが、役所では「せこう」と読む。「法律を施行する」「○○法施行規則」などという形で使われる。しかし、「せこう」という音は、普通の日本語では「施工」という言葉の読み方だ。やはり一般の人たちが誤解しないようにするためには、「施行」は「せこう」ではなく「しこう」と読むべきだ。

最近の役人の言葉遣いには、過剰な敬語も多い。「ご検討されていらっしゃいます」の類いである。「ございます」の多用と誤用もひどい。「検討しています（現在検討中）」の意味で「検討してございます」と言う役人が多い。丁寧に言いたいなら「検討しております」と言うべきだろう。「検討してございます」と言うと「検討してあります（すでに検討済み）」という意味になってしまう。

「者」を「しゃ」と読んだり、「一日」を「いっぴ」と読んだり、「ございます」を多用する話し方は、役人独特のものだ。若い職員は、そういう言葉遣いに早く慣れようとする。そうやって早く組織に適応しようとするのだ。私もそうだった。しかし、組織への過剰な適応は、国民感覚からの乖離《かいり》をもたらす。国民に分からない言葉を使うべきではないのだ。

陳情から学んだこと、大学教員として考えたこと

陳情から学んだ現場感覚

1979年に入省して私が最初に配属された大臣官房総務課審議班という部署は、教育や文化の現場からは最も遠い、管理的業務や渉外的業務ばかりの部署だった。与えられた仕事は他省庁の法令協議の窓口業務や民間団体などの陳情の窓口業務。仕事が楽しいと思ったことはほとんどなかった。ただ、陳情の窓口の仕事はとても勉強になった。具体的な職務は、陳情の申し込みを受け付け、関係課と調整し、日程を確定し、実際の陳情に立ち会って時間管理をするという内容だった。さまざまな要望を訴えに来る人たち。それに対して、実に冷淡で素っ気ない回答しかしない各担当課の職

員。知らず知らずのうちに、陳情側に気持ちが寄っていくのを感じた。私の「現場感覚」は、こうして繰り返し陳情を聴いた経験から得られたところが大きいと思う。

そんな陳情の窓口業務を行う中で、さまざまな現場で理不尽な思いをしている人たちや不十分な環境の中で悪戦苦闘している人たちの声に接する機会を得た。その中に、夜間中学の関係者の声もあった。夜間中学に対する文部省の態度は冷淡そのものだった。あえて否定はしないが、何の支援もしない、そんな態度であった。自分が政策を動かせる地位に就いたときには、なんとかしてあげたいものだと思った。その機会が訪れるのは、２０１５年、初等中等教育局長になり、超党派議員連盟が夜間中学の拡充のため教育機会確保法の立法を進めようとしたときだ。陳情窓口で思いを抱いたときから、実に30年以上の歳月が過ぎていた。

教育機会確保法に盛り込まれた内容は、夜間中学だけでなく、フリースクールについても、長く私が抱いていた思いに応えてくれるものだった。義務教育該当年齢（学齢期）の子どもが学校になじめなかったり、学校でいじめを受けていたり、教師から体罰を受けていたりして、不登校になったとき、学校への復帰を大前提にするのではなく、学校外での学習も公式に認めるべきだという考えは、かなり若い頃から持っていた。しかし、組織としての文部省・文科省は学校への復帰を前提とする考え方から、なかなか離れようとしなかった。最終的に、学校復帰の前提を外したのは、教育機会確保法が成立したからである。その意味でも、この法律の立法作業に携わることができたのは、私にとって幸運だった。

夜間中学もフリースクールも、これまでの義務教育制度からこぼれ落ちた人たちに学び直す場を提供するという重要な役割を果たしてきたのだが、文部省・文部科学省の姿勢は、これらの学習の場に対してとても冷淡だった。２０１６年12月に制定された「義務教育の段階における普通教育に相当する教育の機会の確保等に関する法律（教育機会確保法）」は、これまでの教育行政の姿勢を一変させる画期的な立法だった。いまや文科省は、フリースクールと学校・教育委員会の連携の必要性を訴えているし、夜間中学のような義務教育未修了者のための学校をどの都道府県にも少なくとも１校以上設置するという目標を立てている。

学問の世界を謳歌した大学教員の経験

私は1997年から2005年まで、上智大学文学部教育学科（当時）で教育行政学の非常勤講師を務めたことがある。文部省の先輩から引き継いだのだが、とても楽しくやらせてもらった。自分が携わっている教育行政を、客観的、学問的に見つめ直すための、とてもいい機会だった。学問の自由の世界を謳歌したと言っても良い。自分自身の学問的良心に従い、文部省が行っていることを批判的に考察し、その問題点を抽出して学生たちへのメッセージとした。

私は、毎年度の授業のために、「教育行政学テキスト」という冊子を自費で作っていた。教育行政の主な課題ごとに、制度・政策の経緯や現状をまとめ、考えるべき問題点を挙げたものだ。そこには「大学教員」としての私の学問的良心をありのままに反映させていた。今手元には最後に作った2005年度版のテキストがある。そこに記述した内容について、若干紹介しておきたい。

たとえば「教育を受ける権利」に関しては、次のように記述している。

「『教育を受ける権利』はなぜ保障されねばならないのか。それを説明するのは『個人の尊厳』と『幸福追求権』を定めた憲法第13条である。一人ひとりの個人が個として自立して自らの尊厳を自ら守り、その個性を最大限に伸長させて自らの幸福を自ら追求できるようになるためには、教育は不可欠の前提条件である。多くの国で非識字者がいかに搾取され迫害されているかを想起すれば、このことは自ずから明らかであろう。教育基本法第1条が、まず『人格の完成』を教育の目的として挙げているのは、そのような尊厳ある個人を育てることを指している」

「個の確立、個人の自立は現代社会の存立の最も基本的な条件である。我々の社会は個人の自由と個人間の平等を基本原理とし、そのような個人が様々な関係を結びつつ形成する民主主義社会であるが、個の確立がなければそのような社会は容易に崩壊する。個の確立とは、まず、自らを肯定し、自尊心を持ち、自ら考え、自ら判断し、人の言いなりにならないということだ。そのためには、科学的、合理的、実証主義的な精神、健全な懐疑主義が必要だ。自立した個人は、自らの意志で行動し、その結果を自らの責任として引き受ける。他者を独立した個人として尊重し、他者と共感し、協力することができる。

自立できない個人は自由を与えられてもその自由を正しく使うことができず、自由から逃走する。1933年、ヒトラーはどのようにして政権を取ったか？　民主的な選挙によって権力を獲得したのである。そのとき多くのドイツ国民（特に下層中産階級）は、ワイマール憲法によって与えられた自由から逃走し、ナチズムのイデオロギーを熱烈に歓迎したのである（『自由からの逃走』エーリッヒ・フロム）」

教育基本法改正の動きは、当時与党協議が継続中だった。その時点で私は「テキスト」にこう書いた。

「教育基本法の改正問題で問われているのは、何よりもまず『個人の尊厳』であり、そこから派生する国民の『自由権』なかんずく思想・良心の自由などの『内心の自由』の価値である。その意味で、この問題はそのまま憲法改正問題に直結していく。『個人の尊厳』は日本国憲法の根本原理であるからである。個人の尊厳に基礎を置かない超越的な価値（国家、民族、伝統、共同体など）を認めたとたんに、個人の尊厳は際限なく掘り崩される危険に直面するのである。無関心でいることは許されない」

上智大学での講師の経験は、臨時教育審議会の意義の再確認、地方分権論や規制改革論と教育との関係の再吟味などを通じて、その後の私の教育行政官としての座標軸をつくるのに大いに役立ったと思う。また、週に1度、上智大学の教室で20〜30人の学生たちと、教育行政の諸課題について自由に議論できることは、私の精神の健康維持の上で大変役に立った。「大学教員」である私は、学問の自由の世界から「文部官僚」である私を思う存分批判することができたからである。当時私の授業を聞いてくれた学生の一部の人たちとは、細々とではあるが、今でも交流がある。時を経ても私を「先生」と呼んで慕ってくれる人たちがいるということは幸せである。

そこで一首。

「このぼくを先生と呼ぶ子らがいて上智大学教育学科」(俵万智さんの短歌のもじり)

動かない組織の中で

中学校入学資格

「個人」である私が「役人」である私を動かした、一つの小さな事例を紹介したい。

かつて、文科省は、「小学校を卒業していない者は中学校に入学できない」という見解をとっていた。特にその取り扱いは、朝鮮初級学校などの外国人学校の初等教育課程を卒業した子どもが中学校への入学を希望しても認められないという事態をもたらしていた。私の内なる人権感覚は、この取り扱いは明らかに不当であると、私の内心に訴えていた。２００９年６月10日の参議院少子高齢化・共生社会に関する調査会で、この点について福島みずほ議員から改善を求める質問があった。初等中等教育局担当審議官だった私は、この質問に対して文科省を代表して答弁する機会を得た。私は、担当課が作成した前例どおりの答弁をせず、自分の言葉で次のように答弁した。

「従来の文部科学省としてのスタンスは、小学校を卒業していなければ中学校への入学又は編入学はできませんと、こういうものでございます。これは、日本国籍を有する者と有しない者と取り扱いを区別しているわけではございませんでして、日本人の子どもであっても同じことをしているわけでございますが、基になっております通知といたしまして、昭和40年の12月に事務次官名で発出いたしました、これは日韓基本条約に伴うものでございますけれども、この通達におきまして、小学校を卒業した者でなければ中学校への入学は認められない旨の指導をしていたという経緯がございます。これが現在においても生きておりまして、文部科学省としての建前となっておるわけでございます。しかし、今回のブラジル人学校を辞めざるを得なかったお子様のケースなどを見ましても、地元の市町村の教育委員会で中学校への入学を認めているケースもございます。従来からも、こういった市町村の教育委員会の就学事務の実際の運用において、これは日本国籍を有する者、有しない者を含めまして、我が国の国内での小学校への就学あるいは卒業を経ずして外国人学校などを卒業した者に対して公立学校への入学を許可したという事例もございます。文部科学省といたしましては、こういった事例につきましては、事後的にその撤回や取り消しを求めるというようなことはしていないわけでございます」

この答弁の中で「ブラジル人学校をやめざるを得なかったお子様」と言っているのは、2008年のリーマンショック後、親が失業してブラジル人学校の授業料を払えなくなったため、授業料のない日本の小・中学校への転入学を余儀なくされた、日系ブラジル人の子どもたちのことである。こうしたブラジル人児童生徒の転入学を拒否した教育委員会はなかったのである。また、「日本国籍を有する者（を含め）……外国人学校などを卒業した者に対して公立学校への入学を許可したという事例もございます」と言ったのは、横浜中華街のそばにある台湾系の外国人学校「横浜中華学院」に日本国籍の子どもが多数在学しており、その中には小学部を卒業後近くにある横浜市立港中学校に進学するケースも多いことを知っていたからである。要するに、外国人学校卒業者など小学校を卒業していない者は中学校に入学できないという建前は残っているが、入学を認めている実態があり、文科省はそれに文句を付けてはいない、つまり黙認している、これからも黙認する、という答弁をしたのだ。

そもそも朝鮮学校から小学校への編入学は認めているのに、中学校への入学は認めないというのは、筋の通らない話だと思っていたし、中華学校やブラジル人学校から中学校への入学が現実に認められているのに朝鮮学校からの入学は認めないというのは、法の下の平等に反すると思っていた。しかし、過去に文部省が出した通知があり、当時「局担当審議官」だった私は、それをひっくり返す通知を出す権限は持っていなかった。だから、「文科省は黙認しています」と事実を述べることが、私の裁量の範囲では精一杯の答弁だったのだ。私の部下の中には、組織の方針を勝手に変更したと憤慨する者もいたようだが、私はただ過去に打ち出した方針が空文化している事実を語っただけなのである。理不尽に中学校入学を拒まれている子どもをその答弁で救えるのなら、そこまで踏み込むべきだと思ったのだ。ちなみに、その後文科省は2016年6月17日付の通知により、小学校未修了者の中学校入学を認めることを公式に示した。人権侵害の不条理が、やっと一つ是正されたわけである。

教育上の例外措置

１９９２年から１９９３年にかけて、私は大臣官房政策課の政策調査官というポストにいた。文部省全体の政策の総合的な企画と調整を行う部署、と言うと随分聞こえがいいが、実際には個々の分野の政策決定は各局が行っていて、政策課は各局が積極的に進めようとしない課題を扱う「落ち穂拾い」のような仕事ばかりしていた。

この時期は、ポスト臨時教育審議会（臨教審）とも言うべき時期で、１９９１年4月に第14期中央教育審議会（中教審）が提出した「新しい時代に対応する教育の諸制度の改革について」と題する答申に基づいて、文部省は高等学校制度の改革や生涯学習政策の確立といった政策課題に取り組んでいた。「学年」の枠を取り払った「単位制高校」や「普通科」「職業科」の枠を取り払った「総合学科」など、制度の自由度を高め、生徒の主体的な学習を可能にする制度が次々に導入された。生涯学習局が文部省に設置され、生涯学習政策を審議する生涯学習審議会も設けられた。

そのとき政策課は何をしていたかというと、「教育上の例外措置」「新国際学校」など、臨教審答申や中教審答申で提言された改革案ではあるが、各局が積極的に取り組もうとしないものについて調査研究をしていたのである。

「教育上の例外措置」とは、端的に言えば才能教育のことであり、大学飛び入学など年齢主義や学年制を超えた学習機会をいかに実現するかという課題だった。第14期中教審の提言に含まれており、その実施に向けて「教育上の例外措置に関する調査研究協力者会議」という検討の場が設けられていた。座長は当時東京工業大学学長だった末松安晴氏だった。この課題は初等中等教育局（初中局）と高等教育局にまたがる事項だったが、いずれの局も積極的に取り組む姿勢は見せていなかった。

私は飛び入学を許容する制度改革もやったらいいと思っていたが、当時の高等教育局の固い姿勢を考えると、直ちに制度化に持っていくことは無理だと思った。しかし、高校生が大学レベルの学習の機会を享受できるようにする方法なら、いくらでも考えられるはずだと思った。アメリカの高校には「アドバンスト・プレイスメント」という仕組みがある。高校生のまま大学レベルの授業が受けられる仕組みだ。勉強したい生徒はどんどん好きな勉強をしたらいい。要はそれだけのことなのだ。

ただ、そういう学習を可能にするための制度的な手当てとして、大学での学習の成果を高校の単位として認めてやることは必要だと考えた。当時すでに学校外での学習の成果を高校の単位として認める制度は広がっていたから、そのくらいの制度の弾力化はできるはずだと考え、当時の初中局に話を持ちかけたのだが、初中局の態度は「門前払い」だった。初中局の理屈はこうだった。

「高校の単位は高校の学習指導要領の範囲の学習に対して与えられるものです。大学での学習は高校の学習指導要領の範囲を超えています。従って大学での学習に対して高校の単位を与えることはできません」

そんなばかな話はないと私は思い、こう反論した。

「英検2級をとったら高校の単位に認めることになってますよね。じゃあ、2級ではなく1級をとったら高校の単位には認めないって言うんですか？」

「そうです」

……もう、呆れてものが言えなかった。

大学での学習成果の高校での単位認定は1998年に、大学飛び入学制度は1997年に制度化された。

「教育上の例外措置」の検討を通じて知り合ったのが、当時名古屋大学教授だった四方義啓先生だ。高校生が大学レベルの学習をしている事例を全国に求めたところ、面白い実践例として私が見つけたのが四方先生の取り組みだった。四方先生は数学者だが、彼の数学は数学のための数学ではない。自然界、人間界の森羅万象を数学で解き明かそうという数学だ。彼の数学に引きつけられた高校生たちが、思い思いの課題にチャレンジするサークルのようなものを四方先生は主宰していた。規格はずれの数学者、四方先生とのお付き合いは今も続いている。

中高一貫教育

臨教審の提言の中に「六年制中等学校」の制度化というものがあった。中高一貫教育のことだ。当時の初中局はこの課題を避けていた。懸念していたのは、「生徒を選別するエリート教育」とか「受験競争の低年齢化」という批判だ。その懸念は間違ってはいない。しかし、私立や国立では現に中高一貫校が存在しており、公立にだけ中高一貫校がないというのが実態だった。「六年制中等学校の制度化」という課題は、実際には「公立中高一貫校の設置」という課題だったのだ。

1993年のある日のこと、宮崎県の教育委員会の幹部たちが、県立の中高一貫校を設置する計画を説明するため文部省にやってきた。初中局から声をかけられて私もその説明会に出席した。説明によると、宮崎県五ヶ瀬町にあった林業試験場の跡地に、県立の中学校と高等学校を併設し、寄宿舎も設置して自然の中で共同生活をしながら学ぶ学校をつくるという。宮崎県から説明を聞いた文部省職員たちは、口々にネガティブな言葉を投げかけた。

「そんな山の中に学校をつくってどうするんですか」「県立で中学校を設置する必要はないでしょう」「高校の入学者選抜はどうするんですか」「県立中学校をつくっても国庫負担金は出ませんからね」

県の計画に水を差すような発言が相次いだ。皆があまりにも後ろ向きの発言しかしないので、私は内心憤慨していた。邪魔をする理由は何もない。やりたいと言っているんだから、やらせればいいじゃないかと思った。

説明会の終わり近くになって、私は手を挙げて次のように発言した。

「臨時教育審議会は六年制中等学校を提言をしたが、まだその制度化は行われていない。しかし、今後とも検討すべき課題であることは間違いない。今回の宮崎県の県立中高一貫校設置の計画は時宜を得たものであり、六年制中等学校制度化へ向けた先行的な取り組みとして、大臣官房政策課としては強い関心を持って見守っていきたい」

宮崎県は1995年に五ヶ瀬中学校・高等学校を設置した。学校教育法が改正され、中等教育学校が制度化されたのは1998年だった。

公立の中高一貫校（中等教育学校と併設型中高一貫校）は、いまや全国で100校を優に超える数に達している。私は、そろそろその設置にブレーキをかけるべきだと思っている。むしろ、公立の小中学校間の連携・協力を深め、公立中学校から多様な高校等へ進学する道をしっかりと確保することを優先して考えるべきだろうと思っている。

国際バカロレア課程

私が政策課にいた頃、国際バカロレア（ＩＢ）事務局から「国際バカロレア課程で使用できる言語に日本語を加えたいと思うがどうか」という問い合わせが来た。

国際バカロレアはスイスに本部を置くＮＧＯが認定する初等中等教育のプログラムのことで、そのうち日本の高校段階に当たるディプロマ・プログラム（ＤＰ）の修了者には、世界各国で大学への入学資格が認められている。日本でもすでにインターナショナルスクールなどではＩＢ課程を設けており、ＤＰ修了者には日本の大学への入学資格も認められていたが、学校教育法上の正規の学校である高等学校でＩＢ課程を導入しているところはなかった。

一方、臨教審答申では「新国際学校」という制度が提言されていた。日本で育った生徒と帰国生徒と外国人生徒が一緒に学び、教職員にも外国人を採用し、学習言語も日本語と外国語を併用する。そういう学校がこれからの国際化の時代には必要だという趣旨だった。

私は、ＩＢ事務局からの申し出は「渡りに船」だと思った。日本語も使えるＩＢ課程を日本の高校に導入できれば、「新国際学校」の一つの形として実現できるのではないかと思ったのだ。ちょうどその頃、東京都の教育委員会は駒場の都立国際高校（１９８９年設置）にＩＢ課程を導入したいと考えていた。高校教育の多様化の一環として、そういう高校があっていいと思っていた。

そこで、私は高等学校の教育課程へのＩＢ課程の導入について、初中局に相談を持ちかけたのだが、初中局の反応はきわめて冷淡なものだった。盾に取ったのはまたしても学習指導要領だ。ＩＢ課程は日本の高校の学習指導要領と食い違っているので、日本の高校には導入できないというのだ。食い違っていると言ったって、数学は数学だし世界史は世界史だろう。共通部分は多いはずだし、学習指導要領で求められる必修科目を全部学習しつつＩＢ課程で求められる内容を加えて学ぶことは十分可能だと思った。Theory of Knowledge（知の理論）というＩＢ課程の科目は日本の高校には存在しないが、だからこそ日本の高校教育を改革する上で導入する価値があると思った。

しかし、初中局の壁は厚く、高校へのＩＢ課程の導入も、ＩＢ課程への日本語の導入も諦めざるを得なかった。東京都も国際高校へのＩＢ課程導入を諦めた。

高等学校で初めてＩＢ課程を導入したのは、２００２年の加藤学園暁秀高校（静岡県沼津市）、２校目は２００９年の立命館宇治高校（京都府宇治市）だと言われている。ＩＢ課程に日本語ＤＰ課程が導入されたのは２０１５年度から。文科省が学校教育法施行規則を改正してＩＢ課程と指導要領との調整のための特例制度を設けたのも２０１５年だった。今や文科省は25年前の消極姿勢などどこ吹く風、２０２０年までに２００校という目標を立ててＩＢ課程の導入を促進している。

ＩＢは学校教育の国際標準の一つである。中でもＤＰは国際通用性のある大学準備教育だと言ってよい。国籍の異なる生徒がともに学ぶ学校として、海外からの留学生も受け入れ、日本の学校教育の国際化に弾みをつける効果が期待される。また、日本の高校を卒業して直接海外の大学へ進学する進路を選ぶ若者を増やす効果も期待される。

ただ、最近気になることを耳にした。加計学園が設置する岡山理科大学が２０１６

年8月に認定を受けたIB教員養成コースについてである。現時点で断定的なことは言えないが、注視しておく必要がありそうだ。

高校専攻科からの大学編入学

高等学校専攻科修了者に大学への編入学資格を与える法律改正は、「やりたい」というよりも「やらなければ」と思っていた課題だ。学校教育制度全体から見れば小さな問題だが、当事者、特に看護科の高校生にとっては切実な問題だった。高等学校の看護科は、2年間の専攻科を含めた5年一貫教育を行い、正看護師の資格が取得できるところまで教育することが一般化している。ところが、専攻科修了者は大学に編入学できないという制度上の壁があった。

一方で、大学の看護学部は続々と設置され、看護師は4年制大学で養成される場合が徐々に多くなっていった。また、看護師は専門学校でも養成されている。つまり看護師になる道としては大きく次の3通りの方法がある。

①看護高校で専攻科まで行く（20歳で正看護師になれる）
②高卒後3年間専門学校に行く（21歳で正看護師になれる）
③高卒後4年制大学に行く（22歳で正看護師になれる）

専門学校を卒業して大学に編入学する道はすでに開かれていた。専門学校を出て正看護師になった上で、改めて大学に編入学すれば、学士の学位を取り、併せて養護教諭の免許状を取得するとか、大学院へ進んで研究者の道を歩むとかという新たな道も開ける。しかし、そういう道が高校看護科専攻科修了者には開かれていなかったのだ。仮に専攻科を卒業して20歳で正看護師になった人が大学に入り直して学びたいと思ったら、3年生からの編入学ができず、1年生に入学しなければならなかった。普通科高校を卒業して大学看護学部に入学し、看護の学習を一から始める学生と一緒に学ばなければならないということになっていた。これはあまりにも理不尽、不条理で納得がいかない話だ。これを是正しなければ正義に反すると、2004年に高校制度を担当する課長（初等中等教育企画課長）になったときから強く思っていた。

しかし、大学編入学制度は高等教育局の所管だ。なかなか思うように話が進まなかった。看護専攻科卒業者に大学編入学の道を開くチャンスが来たのは２０１４年だった。教育再生実行会議が「学制改革」を検討するというので、その中に潜り込ませ、２０１４年7月の「第５次提言」に入れることができた。そして、小中一貫教育校の制度化などとともに、２０１５年６月の学校教育法の改正によりやっと制度化することができ、２０１６年度から実施された。私が課題を認識してから10年以上経っていた。その間に看護高校専攻科は毎年卒業者を出していたわけであり、その中には大学への編入学を希望する人もいただろう。理不尽に進路を塞がれた人たちに、制度を司る行政官として、その間の不作為について謝らなければならないと思う。

文部科学省には、明らかにこの間の不作為の責任がある。是正すべき問題がはっきり存在しているにもかかわらず、徒《いたずら》に時間が経過してしまった。

実はこの制度改正がなかなか進まなかった最も大きな原因は、看護師の職域団体である日本看護協会の反対である。日本看護協会は看護師養成を4年制大学に一本化することを目指しており、そもそも高等学校での養成課程を残すことに反対していた。そのため、高校専攻科卒業者にメリットのある制度改正にも反対していたのだ。しかし、私は15歳で高校に入学する時点で将来看護師になるという明確な意志を持つ生徒のため、高校での看護師養成のルートは残しておくべきだと思っていたし、これらの生徒がその後大学で学ぶルートを確保することも当然のことだと思っていた。

もう一つの要因としては、この国の学校教育制度が細かいところまで国の法令で決められているという問題がある。「過度の制度化」と呼んでもいい。大学編入学資格に関する制度は、いちいち法律改正をしなければならないのだ。これは、大学入学資格制度と比べてもバランスを欠いている。大学入学資格も法律（学校教育法）に根拠規定があるのだが、具体的な資格は省令や告示に下ろされており、2003年9月の省令改正では各大学の個別審査で認定できるところまで弾力化されている（この改正により朝鮮高校卒業者に国立大学入学の道が開かれた）。少なくとも、編入学資格と入学資格を同じ扱いにするところまでは制度を弾力化しなければ、整合性が取れないと思っている。

やりたくなかったユネスコ憲章改正

ユネスコの「政治化」

38年間の文部省・文部科学省での役人生活の中には、「やりたかった仕事ができた」「やりたかった仕事ができなかった」、そして「やりたくなかった仕事をさせられた」、この3つのことがある。

やりたかった仕事ができたのは、実は極めて少ない。コミュニティ・スクールの設置促進、高校無償化制度や高校生奨学給付金制度の創設、フリースクールに通う子どもの支援や夜間中学の設置促進を謳《うた》う教育機会確保法の立法、そのくらいだろう。義務教育費国庫負担制度の改革（総額裁量制）は「三位一体の改革」の中で制度の廃止の危機に直面したからできたことだった。

教育基本法の改正は、やりたくなかった仕事だ。これについては後述する。ここでは、ユネスコ憲章の改正について触れておきたい。

ユネスコという国際機関は、教育、科学、文化という人間の精神活動の分野において、人と人とが国境を越えてつながりあうことによって、本当の平和の礎を築いていこうという理想の下に設立された機関である。その理想は、ユネスコ憲章の前文の冒頭の次の言葉に示されている。「戦争は人の心の中で生まれるものであるから、人の心の中に平和のとりでを築かなければならない」。この言葉を初めて知ったのは、高校生の頃だと思う。それ以来、ユネスコに対しては一種の憧憬に近い思いを抱いていた。

文部省に入って4年目の1982年に、私は長期在外研究員に選ばれ、イギリスに留学させてもらったが、そのときの研究テーマにユネスコを選んだ。ケンブリッジ大学で国際関係学修士の学位を取った際の論文のテーマは「ユネスコの歴史と発展」である。論考の焦点は「ユネスコの政治化」だった。この問題を取り上げたのは、その当時アメリカがユネスコの政治化を理由にユネスコから脱退していたからだ。さらにイギリスもアメリカに追随して脱退する気配を示していた。当時はまだ東西冷戦が続いていた。イスラエルとアラブ諸国の対立も、ことあるごとに顕在化していた。そうした政治的な対立に嫌気がさして、アメリカは脱退してしまったのだ。ユネスコはアメリカにとって脱退しても痛痒《つうよう》を感じない国際機関だったとも言える。

私の論文は、そういう政治化の跡をたどりつつ、ユネスコの理想と現実の交錯を論じたものなのだが、そこでの一つの発見は、「ユネスコを政治化した最初の国はアメリカだった」ということだ。それは1950年代のこと、ユネスコの事務局長がルーサー・H・エヴァンスというアメリカ人だったときだ。その頃、アメリカ国内ではマッカーシズムの「赤狩り」が猛威を振るっていた。共産主義者あるいは共産主義の賛同者とみなされた人々は、さまざまな分野で仕事から追われた。その赤狩りがユネスコ事務局にも及んできたのだ。ユネスコは国際機関であって、アメリカの国家機関ではないのであるから、アメリカ政府は特定の事務局員を罷免させる権限など持っていない。しかし、アメリカ政府は同国人の事務局長に圧力をかけて、共産主義に賛同しているとみなされた事務局員を追放させたのである。

「個人」から「国」へ、執行委員会の改革

留学を終えて帰国し、高等教育行政や宮城県への出向を経験した後、1989年から3年間、私は日本政府ユネスコ常駐代表部に一等書記官として勤務する機会を得た。この3年間は、国際情勢に極めて大きな変動のあった時期だ。東西冷戦構造が崩れ、東西ドイツの統一が成り、ソビエト連邦が崩壊した。中国では天安門事件があった。アメリカは依然としてユネスコに復帰していなかった。事務局長はカタルーニャ出身のスペイン人フェデリコ・マヨール氏だった。当時のユネスコの事業で印象に残っているのは「シルクロード・プロジェクト」だ。国際学術調査チームがさまざまな民族が行き来したシルクロードをたどりながら共同学術調査を進めるというものだった。終点は奈良で行われた国際会議だ。いかにもユネスコらしい事業だと言えるだろう。教育分野では日本はユネスコ・アジア太平洋文化センター（ACCU）におけるアジア各国との協力による識字教材づくりなど、地道な国際協力事業を進めていた。

文部省は当時のユネスコに大きな不満は持っていなかったが、外務省は違った。外務省は、アメリカが復帰できるようユネスコを改革することが必要だという考え方だった。マヨール事務局長が予算の無駄遣いやネポティズム（縁故主義）による人事を行っていると批判し、執行委員会の場で追及しようとしたが、執行委員会は外務省の思うようには動かなかった。そこで外務省が出した結論は、執行委員会の改革だった。

当時の執行委員会の委員は「国」ではなく「個人」であった。議場は大きなドーナツ型になっており、委員は互いの顔が見えるように座るのだが、それぞれの委員の前に立ててあるプレートには「ドクター○○」「ミスター□□」「ミズ△△」という個人の名前が記されていた。「ジャパン」「フランス」といった国の名前ではなかった。日本政府は、この点に問題があると考えた。執行委員会が個人によって構成されているために、本国政府の訓令が貫徹されず、改革を指向する加盟国の意思がそこでの議論に反映されないのだと考え、それを是正するために、執行委員会を国によって構成されるよう改めようとしたのである。日本は1991年のユネスコ総会に、そのような改革を行うための憲章改正案を提出した。私も、代表部の一員として、この憲章改正案への支持を取り付けるべく、各国の常駐代表部に説明して回った。

しかし、私は本心においてはこの改正に反対だった。ユネスコという国際機関は、そもそも小さな機関だ。予算規模は日本の地方国立大学程度しかない。世界銀行やUNDP（国際開発計画）、あるいはユニセフのような開発協力機関ではないのだ。財政の効率化と言っても、そもそもが小規模な組織だから、その成果も大した額にはならない。ユネスコは教育者、科学者、文化人のフォーラムなのだ。無駄な議論ばかりしているように見えるかも知れないが、そこにこそユネスコ本来の姿があると言ってよい。そういう活動を「非効率だ」と言って切り捨ててしまうと、ユネスコはユネスコでなくなってしまう。コスト・パフォーマンスを求めるべきではないのだ。

ユネスコは、その前文に宣言された理念を実現するため、政府間機関でありながらも、憲章の定めるところにより、意図的に「非政府的」な要素をその組織や活動方法に盛り込んでいた。その一つが執行委員会の委員が国ではなく個人だったことだ。そのほかにも、各加盟国に教育、科学、文化を代表する人たちからなる「国内委員会」を政府から独立した形で設け、国内委員会とユネスコとの直接の連携や国内委員会同士の交流や協力を促す仕組みも重要だ。さらに、多数の国際非政府組織（ＮＧＯ）とユネスコとの協力関係をつくることも憲章に規定されている。

ユネスコのホスト国であるフランスは、ユネスコという機関の性格を十分理解し、尊重していた。だから、日本の憲章改正案には明確に反対した。私はフランスの考えに賛成だった。執行委員会の委員は個人のままにしておくべきだと思っていたのだ。

しかし、日本はその改正案に多くの加盟国の支持を集めることに成功し、憲章改正は成立した。「ジャパン・アメンドメント」という名で、良くも悪くも記憶されることになったのだ。

第2章

面従腹背の教育行政

教員免許更新制

教員の適格性を審査できるのか

教員免許更新制の導入をめぐる経緯は、政治の圧力と教育現場の実態との間で教育行政が呻吟《しんぎん》した事例の一つである。

教員免許状に有効期限を設けて定期的に更新を行い、更新の際に教員としての適格性を審査することにより教員の質の維持向上を図るという仕組みの構想は、自民党の中に古くからあった。政府部内で初めてこれを具体的な政策課題として打ち出したのは、２０００年12月の教育改革国民会議報告である。同報告には、「教師の意欲や努力が報われ評価される体制をつくる」という提言の具体策として、「免許更新制の可能性を検討する」という記述が盛り込まれた。この一文を盛り込むかどうかについては、同会議の事務局と文部省との間に意見の対立があった。国民会議事務局の主要構成員は皆文部省からの出向者だったから、もともと文部省側の職員とは気心の知れた間柄だったが、教員免許更新制に強く反対する文部省に対し、国民会議事務局はその制度化を提言するよう求める政治の圧力を直接受けていた。

私は当時、教員免許状制度を所管する教職員課長であり、反対派の一人だった。教員免許状制度の中に教員の適格性審査による更新という仕組みを加えることは、原理的に不可能だと知っていたからである。そもそも教員免許状は、教員になるために最低限必要な知識・技能を大学で修得したことを証明するものであり、教員としての適格性を持っているかどうかまで保証するものではない。大学の教職課程で必要な単位をとり、無事に卒業できれば、自動的に貰えるものだ。法律上、免許状の授与権者は都道府県教育委員会だが、実は教育委員会は何ら実質的な審査や判断はしていない。各科目の単位認定や卒業認定をしているのは大学だ。その大学が発行する卒業証明書と教職課程の単位取得証明書を持っていけば、教育委員会はそれと引き換えに教員免許状をくれる。その際に教育委員会が行う「審査」とは、大学が出した証明書に必要な単位取得がすべて記されているかどうかを見るだけのことである。教員免許状の実質的な授与権者は大学なのである。言い換えれば、教員免許状は学歴を証明するだけのもので、教員採用試験の受験資格にすぎないのである。

教師として適格かどうかは、免許状が保証しているのではない。教師は学校に採用されて初めて教師の仕事ができる。専門職ではあるが、医師や弁護士のように個人で営業できる職種ではない。教員としての適格性は、教育委員会や学校法人が採用する際に判断しているのである。教師として現に任用されているという事実が、教師の適格性を保証する。従って、論理的に言えば、定期的に教員の適格性審査をするためには、任用制度に任期制を導入するという方法ならありうるということになる。

免許制度の中で適格性審査はできないのだ。免許更新で「ダメ教員」を排除できるなどという考えは、はっきり言って的外れな素人考えである。しかし、それができると信じている政治家がたくさんいた。その原因は制度の基本的な構造に対する無理解である。「免許更新制の可能性を検討する」という表現は、かなり慎重な言い回しだ。

検討してみたら不可能かも知れないという余地を残している。それでも、このような提言が国民会議の報告に盛り込まれたことは残念だった。政治の圧力がさらに高まることが容易に想定されたからである。

10年経験者研修制度の導入

森内閣の下、省庁再編により初代の文部科学大臣になった町村信孝氏は免許更新制推進論者だった。同氏は2001年4月11日、中央教育審議会（中教審）に対し、「今後の教員免許制度の在り方」について諮問し、その具体的審議事項の中に「教員免許更新制の可能性の検討」を盛り込んだ。しかし、同月森内閣は総辞職し小泉内閣が成立。元文部官僚の遠山敦子氏が文部科学大臣に就任した。中教審は2002年2月21日に遠山大臣に対し答申を行ったが、教員免許更新制の導入については「なお慎重にならざるを得ない」と、導入を見送る結論を出した。

中教審は「慎重かつ精力的に審議を進めた」が、更新制の導入について2通りの可能性を検討した。1つは「教員の適格性確保のための制度としての可能性」である。政治の世界から求められた制度はこの選択肢である。これについて答申は「現行の教員免許制度において、免許状は大学において教科、教職等に関する科目について所要単位を修得した者に対して授与されるものであり、免許状授与の際に人物等教員としての適格性を全体として判断していないことから、更新時に教員としての適格性を判断するという仕組みは制度上とり得ず、このような更新制を可能とするためには、免許状授与時に適格性を判断する仕組みを導入するよう免許制度自体を抜本的に改正することが前提になる」と述べている。教員免許制度の基本構造を残したままでは、更新制の導入は原理的に不可能だということだ。これは自明の理であって、本来、わざわざ中教審で検討するまでもないことだった。2つめの選択肢は「教員の専門性を向上させる制度としての可能性」である。この選択肢は原理的に不可能ではない。しかし、答申は「一般的な任期制を導入していない公務員制度全体との調整の必要性等の制度上、実効上の問題がある」「教員の専門性向上のためという政策目的を達成するには必ずしも有効な方法とは考えられない」としてこの可能性も退けた。

その上で「更新制の導入には一定の意義があると考えられるものの、現時点においては制度上の制約などに加え、その政策的有効性についても十分検討を進めたところ、導入には、なお慎重にならざるを得ないとの結論に至った」としたのである。

しかし、「免許更新制は導入できません」と言うだけでは、政治の世界の人たちが納得しない。そこで中教審は、さまざまな代替策を提言した。その中でも最も大きな制度改正は10年経験者研修制度の導入だった。答申は、「新たな教職10年を経過した教員に対する研修の構築」について、現状の教職経験者研修は「その内容・方法が画一化され、教員のニーズに応じた研修の機会が少ないことなどの問題点」があるとし、「一定の期間ごとに変化に対応するための研修」が必要だとして、「特に重要な時期である教職経験10年を経過した教員に対し、勤務成績の評定結果や研修実績等に基づく教員のニーズ等に応じた研修を各任命権者が行うものとする」と提言したのである。従来の研修の画一性という批判に応えようと、答申はこの10年経験者研修（10年研）を「その期間、内容について、相当程度多様なもの」とし、「教育センターにおいて開設されるものばかりでなく、大学・大学院等の授業や民間組織等の研修コースも活用し、多彩であり、かつ選択の幅も考慮できるものとなること」を求めた。

この答申を受けて、文部科学省は同年の通常国会に教育公務員特例法の改正法案を提出。同法案は6月に成立し、翌2003年4月から施行された。改正法では、教育委員会は教員に対し、その在職期間が10年に達した後、相当の期間内に、個々の能力、適性などに応じて必要な研修を実施するものとされ、そのため、対象となる教員の能力、適性などについて評価を行い、その結果に基づいて個々の教員ごとに研修計画書を作成するものとされた。その施行の際に発出された通知では、この10年経験者研修制度を設けた理由として、2002年度からの新しい学習指導要領による「自ら学び自ら考える力」の育成などのための指導力向上の必要性が挙げられたが、牽強付会《けんきょうふかい》の感は免れない。

教員免許更新制の落とし穴

実のところ文科省では、この10年研の法定化が教育委員会や教員に大きな負担を求めることにはならないだろうと考えていた。勤続10年あたりの教員に対する研修は、多くの教育委員会がすでに実施していたからである。

10年研の法定化などの代替的制度を実施することにより、教員免許更新制の議論は収まったかに見えたが、与党政治家の中の更新制を求める声は消えなかった。2003年9月に遠山氏の後を継いで文部科学大臣になった河村建夫氏は2004年8月に「義務教育の改革案」を発表し、その中で教員免許更新制の導入を提唱した。さらに同年9月に就任した中山成彬《なりあき》文部科学大臣は就任早々の10月、中央教育審議会に対し免許更新制の導入を含む「今後の教員養成・免許制度の在り方について」諮問を行った。中教審が更新制見送りの答申を出してからまだ2年8カ月しか経っていなかった。「免許更新制」という言葉が持つ「思い切った改革」感は、政治家にとっては魅力だったのだろう。今回の諮問は、免許更新制の目的を「不適格教員の排除」ではなく「教員として必要な資質能力の保証」に絞り、教員免許更新制の具体的な制度設計の検討を求めるものだった。「やらない」という選択肢はない形で諮問がなされたのである。

中教審は2006年7月に答申を出した。今回の答申では導入見送りは政治的に許されなかった。答申は「教員免許制度を恒常的に変化する教員として必要な資質能力を担保する制度として再構築することが必要」とし、「その時々で求められる教員として必要な資質能力が保持されるよう、必要な刷新（リニューアル）を行う」ための制度として「教員免許更新制の導入が必要」と提言した。また、「更新制は、いわゆる不適格教員の排除を目的とするものではな（い）」としつつも、「講習を修了できない者は、免許状は失効するため、問題のある者は教壇に立つことがないようにするという効果」があるとした。講習を受けても修了認定されない教員とは、よほど学習能力の低い教員であって、そのような教員はほとんど存在しないと考えられるし、仮にある大学での講習が修了できなかったとしても、再度別の大学で講習を修了すればよいのだから、問題のある教員を排除する効果など、実際にはほとんど期待できない。それなのに、そのような効果があるとわざわざ答申に書き込んだのは、更新制で問題教員を排除できると思い込んでいる政治家に迎合し、彼らの圧力をかわすためである。

しかしこのレトリックにはかなり無理があり、後々まで「免許更新制は不適格教員排除のための制度だ」という誤解を政治家、ひいては国民の間に残すことになる。「免許更新制の導入が必要」との中教審答申は出たが、文科省の事務方はその制度化のための法改正についてはなお慎重だった。その間に、２００６年12月第１次安倍政権下において教育基本法の改正が実現した。この教育基本法改正をリードした伊吹文明文部科学大臣は、それに続く教育制度改革を一挙に実現しようとした。具体的には、教育の目標を学校教育法に落とし込む改正、教育委員会制度の改革そして教員免許更新制の導入である。これらを一体的に行うため、伊吹大臣は２００７年2月、中教審に対し「教育基本法の改正を受けて緊急に必要とされる教育制度の改正について」審議要請し、わずか１カ月の審議で同年3月に答申を得た。その答申において、教員免許更新制の導入に併せて、教育公務員特例法の改正により「指導が不適切な教員」の認定と被認定者の指導を改善するための研修を制度化することが提言された。免許更新制が問題教員排除には役に立たないことを知っていた文部官僚が、その代替措置を答申に盛り込んだのである。

免許更新制を導入する方針は固まったが、残る問題は10年研との関係をどう整理するかだった。もともと、免許更新制の代替的制度として導入したものであるから、免許更新制導入に伴って廃止するのが筋だった。しかし、10年研は2003年度から始まったばかりだった。たった数年で廃止するというのでは、失政とのそしりを免れない。政府としては国民に対し「あれは間違いでした」とは言えない。文科省は10年研を残した上で、免許更新制を導入することにした。そうなると次の問題として、これら二つの制度は趣旨・目的を異にするものだという理屈を作る必要が出てくる。10年研については、すでに「教員のニーズ」に応じた、「選択の幅」の広い「多様な研修」を行うよう求めていた。そこで、免許更新制では「講習内容については、（中略）学校種や教科種に関わらず、およそ教員として共通に求められる内容を中心とすることが適当」（傍点は筆者）と答申されたのである。小学校で音楽を教える教員も、高校で物理を教える教員も同じ内容の講習を受けろと言うのである。こうして無理やり10年研との差別化を図ったわけである。

免許更新制を導入する教育職員免許法の改正案と指導不適切教員の認定・研修制度を導入する教育公務員特例法の改正案は、セットにして国会に提出され、2007年

6月に成立、2009年度から施行されることになった。法制化に当たっては、今後教員免許状を取得する者だけでなく現職教員の免許状にも期限を設けるかどうかが検討課題になった。今現在、教員が持っている生涯有効な免許状に対し、事後法によって期限を設けることは法理に反する。しかし、この制度の導入を求めてきた政治家たちにとっては、今現在、教壇に立っている教員に適用されなければ意味がない。そこで、現に教員免許状を保有している者については、講習の受講を義務づけた上で、その講習を修了しなかった場合のペナルティとして免許状を失効させる、という理屈をつくった。これもかなり無理な理屈ではある。免許状が失効すれば、教員としての地位も喪失するのであるから、「講習を修了しなかったことへの罰」としてはあまりにも重いと言わざるを得ない。

研修の本来のあり方

私がこの免許更新制の実施に直接関与したのは、2007年7月に初等中等教育局担当審議官という局長に次ぐポストに就いてからである。私が腐心したのは、できるだけ講習を受ける教員の選択の幅を広げることだった。そのため、30時間と定められた講習のうち、「必修」を少なくし（12時間）、「選択」を多くする（18時間）とともに、講習の開設者を大学、教育委員会のみならず一般財団法人、一般社団法人にも広げることにした。免許更新講習については、法制化に当たって10年研との差別化を図るため「教員として共通に求められる内容」にするという説明をしてきていたので、制度設計の当初は30時間すべてを文科省が定める必修項目にするという案もあった。しかし、受講の義務づけさえ現場の教員にとっては不本意なはずなのに、全員同じ講習を受けろなどと言えば、猛反発されることは目に見えていた。私としては、できれば30時間全部を選択制にしたかったが、「国の教育政策」などを必修にしなければ政治家たちの了解が得られないため、12時間の必修を残したのである。その後、制度が改善されて現在では「必修」が6時間、「選択必修」が6時間になっている。

免許更新制を実施してみると、やはりさまざまな問題が起こった。中でも深刻だったのは、該当教員の「うっかりミス」による受講漏れや修了確認漏れによる免許状の失効である。こうしたケースについては、新免許状を授与するとか、いったん教員以外の職に配置換えするとか、失職させない対処方法はあるのだが、都道府県教育委員会によっては杓子定規な対応をするところもあり、教職を失うという憂き目に遭う教員が出てしまったことは、本当に申し訳なかったと思っている。そのような人道に反する結果を招くような制度運用をしてはいけないのだ。

免許更新制と10年研が併存していることに起因する問題も、当然顕在化してきた。特に、同じ時期に両方を受講しなければならない教員の問題が深刻だった。研修や講習を受けるとなるとまとまった時間が必要であり、授業に影響のない夏休みの時期くらいしかない。しかし、夏休みといっても教員にはプール指導や部活動指導をはじめとしてさまざまな仕事がある。ただでさえ忙しい30代働き盛りの教員に、ダブルの受講はあまりに過重な負担だ。

免許更新制を導入したからには、10年研の負担をなんとか軽減しなければいけないと私は考えた。一つの方法は、10年研を免許更新講習として認定することだ。しかし、10年研を受ける時期（教員としての在職期間が10年に達した後）と免許更新講習を受ける時期（教員免許状の取得時から数えて9年目と10年目の2年間）とが必ず重なるという保証はない。むしろその二つの時期が重なる教員はごく少数である。だったら、10年研の時期を弾力化すればいいと考えたが、それを法律の解釈・運用で行うのは難しく、やはり法律自体を変えるしかなかった。それは２０１６年の教育公務員特例法改正によってやっと実現した。10年研は時期の指定のない「中堅教諭等資質向上研修」へと発展的に解消されたのである。

教員免許更新制をめぐる政策の変遷は、文部科学省が政治家の思い込みに翻弄され続けた姿を表している。できるだけ現場に負担をかけずに、できるだけ教員の役に立つようにと考えてきたが、政治家たちの納得を得るために現場にしわ寄せがいく結果となったことも確かだ。

より根本的な問題として、教師の力量を上げるためには行政側が計画した研修や講習を受けさせればよいという、これまでの教育政策の考え方自体を変える必要がある。研修という言葉は、もともと「研究」と「修養」のことだ。研究と修養は、教師が自ら行うものである。教育公務員特例法21条は「教育公務員は、その職責を遂行するために、絶えず研究と修養に努めなければならない」と教員の自主的な研修の努力義務を定めている。また、同法22条2項は「教員は、授業に支障のない限り、本属長の承認を受けて、勤務場所を離れて研修を行うことができる」と規定している。これは勤務時間中に職務専念義務を免除されて自主的な研修を行うことができる制度で、「職専免研修」と呼ばれる。「自宅研修」という名目で有給休暇のように使われた実態もあったことから、現在各教育委員会ではこの職専免研修の承認には極めて慎重になっているが、本来教師とは自ら学び続けることが期待される存在であるから、この制度はもっと活用されてよいはずだ。

教師たちが自発的に集まって学び合う研究会やワークショップなども、もっと行政が支援すべきである。教育委員会が職務命令により受けさせる研修についても、極力教員自身の選択が認められるよう多様なプログラムを用意すべきだろう。こうした教師自身の自発的な研修の重要性を、政治家たちに理解させ納得させて政策化していくことが、文部科学省には期待されるのである。

教育課程行政

「ゆとり」と「脱ゆとり」

私は若い頃から大臣官房に配置されることが多かったが、1995年に教育助成局（現在は初等中等教育局）財務課の教育財務企画室長になって以降は、初等中等教育行政を担当することが多くなった。初等中等教育局では、2000年に教職員課長、2001年に財務課長、2004年に初等中等教育企画課長と3つの課長職を歴任したが、2013年に局長になるまで教育課程行政には携わることはなかった。

教育課程行政はある意味で最も文部省的な仕事である。その担当課である教育課程課の課長ポストには、将来を嘱望される有力な若手が登用されることが多い。しかし、私はこの分野の行政に携わらなかったことは、一つの幸運だと思っている。私が関わった学校行政は主に教育条件整備や教育財政に関わるものだった。義務教育費国庫負担制度の存廃をめぐる攻防は、その最たるものである。義務教育費国庫負担制度の堅持という政策方針は、「個」を重視する立場からも「国家」を重視する立場からも支えることができた。私自身は子どもたちの学習権や教育の機会均等を守るという「個」の立場から同制度が必要だと考えていたわけだが、国家目的を実現する教育のために必要だと考える人たち、タカ派の政治家とも共闘できたのである。中山成彬氏が文部科学大臣だったのは、その意味では幸運だった。中山氏は、「義務教育は国家の仕事だ」という信念から、国庫負担の廃止に反対の立場をとっていた。

しかし、学習指導要領の改訂をはじめとする教育課程行政の場合、「個」から出発する思想と「国家」から出発する思想は、正面から衝突する。その衝突は、後述するように国旗・国歌や道徳教育の取り扱いにおいて避けがたいものになる。私が教育課程課長を命じられていたら、内心の葛藤は最大限のものとなり、面従腹背は極限に達しただろう。

私の文部省・文科省在職中に教育課程行政は大きく変遷した。「ゆとりと充実」をキーワードに「詰め込み教育」からの脱却をめざした改訂は1977年に行われ、1980年度から小学校で、1981年度から中学校で実施された。このいわゆる「ゆとり」路線はその後も続き、教育内容は「精選」から「厳選」へ絞られ、「社会の変化に自ら対応できる力」「自ら学び自ら考える力」「新しい学力観」が強調された。

しかし、根拠の薄弱な「学力低下論」や「ゆとり教育批判」に押されて、2005年、当時の中山成彬大臣は学習指導要領の全面的な見直しを指示した。その結果行われた2008年の改訂（小学校2011年度、中学校2012年度実施）では一転して教育内容の増加が図られた。小・中学校とも授業時数が増えたが、特に中学校の数学、理科、英語の授業時数は大幅に（2〜3割）増やされた。たとえば二次方程式の解法が中学校の数学で復活するなど、学習内容が難しくなった。一方で「総合的な学習の時間」は小学校で週3コマから2コマへと減らされた。

2017年の改訂（小学校2020年度、中学校2021年度実施予定）では、教科「外国語」の導入などにより小学校の授業時数がさらに増やされた。「脱ゆとり」

とも言うべき路線の見直しを、文科省は「知識・技能の習得」と「思考力・判断力・表現力の育成」とのバランスを取ったのだと説明してきたが、「習う」時間を増やし「考える」時間や「行う」時間を減らしたのは事実である。私は、総合的な学習の時間の削減には反対だったし、授業時数は増やしすぎたと思っている。

文科省は学習指導要領を改訂するたびに、その新奇性をアピールするためのキャッチフレーズを考えてきた。今回の改訂におけるそれは「アクティブ・ラーニング」、すなわち「主体的で対話的で深い学び」だ。しかし、現場の先生たちはこういう言葉にあまり振り回されないほうがいい。大きな方向性は、この30年間変わってはいないのだ。

むしろ私は、今回の指導要領は書き込みすぎだと感じている。最小限の記述に限る「大綱的基準」に回帰し、もっと教育現場の自主性に委ねるべきではないかと思う。教育課程のあり方については、別の機会に改めてしっかり論じたいと思う。

義務づけられた国旗・国歌の指導

教育課程行政は、国家権力と教育とが直接交錯する分野だ。ここでは、組織の方針と私個人の思想・良心との乖離《かいり》が最も大きくなり、面従腹背の緊張関係が最も強くなる。なかでも、日の丸・君が代の取り扱いについては、折り合いのつけようがない。私自身は、日の丸を国旗とし、君が代を国歌とし、両者を日本という国のシンボルとして尊重することについて特段の抵抗感はない。しかし、日の丸がかつて軍国主義・全体主義の日本、侵略戦争をする日本のシンボルであったことも事実だし、君が代が天皇制という特異な制度と結びついた歌であることも事実だ。だから、日の丸・君が代に違和感や抵抗感を持つ人たちの心情や思想は理解できるし、そういう心情や思想を抱くことは内心の自由であり、その内心の自由は国家権力による制約を一切拒否できる性格のものだと考えている。しかし、文部科学省は法的拘束力を持つ学習指導要領において、学校の教師たちに国旗・国歌の指導を行うことを義務づけている。この義務づけが学習指導要領で明示されたのは1989年の改訂のときだ。私は1988年8月に宮城県での勤務を終え、本省へ復帰すると同時に外務研修に入り、1989年3月にはパリのユネスコ代表部へ赴任したので、この時の学習指導要領の改訂にはまったく関与していないし、実のところどういう議論が行われた結果こういう改訂が行われたのかも知らない。しかし、この時の改訂によって日の丸、君が代の指導が「義務化」されたのである。

それ以前の学習指導要領には、こう書いてあった。「国民の祝日などにおいて儀式などを行う場合には、生徒に対してこれらの祝日などの意義を理解させるとともに、国旗を掲揚し、国歌を斉唱させることが望ましい」。1989年改訂で、この部分はこう変わった。「入学式や卒業式などにおいては、その意義を踏まえ、国旗を掲揚するとともに、国歌を斉唱するよう指導するものとする」。この改訂によって、入学式や卒業式における国旗掲揚・国歌斉唱は、それまで文部科学省の指導で行われていたものが、明確な法的拘束力をもって学校現場に強制されることになった。

公立学校は締め付け、私立学校は野放し

ところで、入学式・卒業式と日の丸・君が代との間にはどういう関係があるのだろう。当時の文部省の説明は「国際社会に生きる日本人としての資質を養うため」というものだった。それにしても、どうして入学式・卒業式なのか。「日本国民としての自覚を形成するための重要な機会だから」という説明がされるが、論理的な説明になっているとは言えない。1989年改訂以前は「国民の祝日などにおいて」と記述されていた。実際には国民の祝日に児童生徒を学校に集めるということは行われなくなっていたため、この部分の記述は空文化していた。国民の祝日は「国民」が祝う日なのだから、国の象徴である日の丸・君が代を持ち出すのは理解できる。しかし入学式・卒業式は「生徒」のためのものだ。校旗を掲げ校歌を歌うのは自然だが、日の丸を掲げ君が代を歌うのは場違いだと感じる人もいるだろう。

入学式・卒業式での国旗掲揚・国歌斉唱は国公立学校にのみ義務づけられていて、

私立学校には義務づけられていないという理解が一般にあるが、それは間違いである。学習指導要領は設置者の如何を問わず法的拘束力を持つとされているので、私立学校においても国旗掲揚・国歌斉唱が行われなければならないことになっている。しかし、私立学校の中にはこの法的義務に従わない学校がたくさんある。一方公立学校では、今やほぼ100パーセントの割合で国旗掲揚・国歌斉唱を行っている。ここに至るまでには各地で厳しい対立や闘争があった。広島県では1998年の文部省からの「是正指導」を受け、各学校に対し卒業式・入学式で国旗を掲揚し国歌を斉唱するよう通達を出したが、この県教委の方針と反対派との板挟みになった県立世羅高校の校長が、1999年2月、卒業式を前に自殺するという痛ましい事件も起こっている。

ところが、同じ学習指導要領が同じように適用されるはずなのに、文部科学省の私立学校に対する態度は、公立学校に対するそれとはまるで違う。公立学校に対しては、校長が自殺するほどの締め付けをしているのに、私立学校は野放しにしているのだ。これは明らかに不公平だ、と私はずっと思っていた。私立学校に対する締めつけを強めるべきだと思っていたのではない。公立学校に対してこれほどまでに国旗掲揚・国歌斉唱を押しつけるのはおかしいと思っていたのだ。公立学校と私立学校を差別することなく、指導要領の記述は「望ましい」にとどめ、現場への関与は「助言」程度にとどめておけば良かったと思っている。

最高裁判所は2011年5月30日の判決で、都立高校の教職員に対し卒業式等における国歌斉唱の際に国旗に向かって起立し国歌を斉唱するよう命じた校長の職務命令について、教職員の歴史観、世界観及び教育上の信念に対する「間接的な制約」となる面は認めつつも、起立斉唱は「慣例上の儀礼的な所作」であって「制約を許容しうる必要性及び合理性」が認められるとし、起立斉唱を命じた職務命令は思想・良心の自由を保障する憲法19条に違反しないと判示した。私自身はこの判決には賛成できないが、最高裁の判例として確立した以上、学校現場での国歌斉唱は、この判決の考え方に則って行われることになる。国歌を歌いたくない教師たちには、外形上職務命令に従う面従腹背をお勧めするしかない。

拒否は子どもの権利である

日の丸・君が代をめぐっては、一つの思い出がある。1994年10月12日の衆議院予算委員会での問答だ。山田宏議員が学習指導要領において国旗・国歌の指導が義務づけられたという認識があるかと質問したのに対し、与謝野馨文部大臣は「国旗・国歌について指導をするものとするということで、現場の校長先生始め生徒を教える方々にそういうものを教育するということを義務づけております」と答弁。一方、村山富市総理大臣は「この文部省の指導要領に基づいて、校長や学校の先生方はそういう指導をしなければならない。しかし、受ける側の生徒については、これはやっぱり心の問題ですから、したがって、それを強制してやるようなものではな（い）」と答弁した。この二人の答弁の間に矛盾はない。しかし、村山総理は「義務」という言葉を使わなかった。山田議員はこの二人の答弁に納得せず「文部大臣の答弁と総理の答弁は随分やはりかけ離れておる」「一つに国家の考えをまとめていただきたい」と発言し、そこで委員会の審議がしばらく止まってしまった。理事との協議の後、佐藤観樹《かんじゅ》委員長は「ただいまの件につきまして、総理と文部大臣との答弁の食い違いがあるのではないかという御指摘もございますので、後刻、この件につきましては統一した見解を出していただきます」と発言した。その日の夜、与謝野大臣を始め文部省の幹部が総理官邸の総理執務室に集まり、政府統一見解をまとめた。

「1．（略）2．学習指導要領においては、『入学式や卒業式などにおいては、（略）指導するものとする』とされており、したがって、校長教員は、これに基づいて児童生徒を指導するものである。3．このことは、児童生徒の内心にまで立ち入って強制しようとする趣旨のものではなく、あくまでも教育指導上の課題として指導を進めていくことが必要である」。指導の「義務づけ」については「義務」という言葉を使わずに説明し、児童生徒に対しては内心にまで立ち入った「強制」はしないと説明した。これらの文言は、与謝野大臣が直接ペンを執って書いたものだった。「児童生徒の内心に対する強制はしない」という政府見解は、その後もしっかり維持されている。つまり、子どもたちには国旗・国歌を拒否する自由があるということだ。

その点、「天晴《あっぱ》れ！」と感服する人物がいる。菱山南帆子さんという人だ。お目にかかったことはないのだが、たまたまネットで「あらしを呼ぶ少女」と題された彼女の講演録の動画を観た。彼女が小学校5年生のとき、卒業式で君が代を歌う場面で歌うことを拒んで着席したのだそうだ。「『そんな歌を強制されて、たまったもんじゃない』と思って、『私は座るぞ』ということで、座ることにしたんです」「校長先生からは『国の大切な歌だから歌いなさい』なんて言われて、『関係ない』って思って、『何でそんなこと強制されなきゃいけないんだ』なんて思ったんです」「生徒の中では私一人、日の丸・君が代拒否して座りました」

彼女は、文部科学省も認める正当な権利を行使したのだが、同調圧力を跳ね返す「個」の強さには「恐れ入りました」と言うほかない。私は、生徒全員が何の疑いも抱かずに整然と国歌斉唱する学校よりも、彼女のような生徒がいる学校のほうがはるかに健全だと思うのだ。

全国学力テスト

私は、現在文部科学省が毎年行っている全国学力・学習状況調査（全国学テ）にも、実は反対だ。全国学テの実施に向けた動きは、２００４年10月に就任した中山成彬文部科学大臣が「テスト結果を公表して、子どもたちの競争意識を高めたらどうか」という記者会見での発言から始まった。当時の文部科学省の役人たちは、全国すべての学校を対象とする学力テストの実施には、極めて消極的だった。中山大臣の発言に対しては、正直なところ当初は「殿ご乱心」という印象を持った職員が多かったと思う。それは、過去に文部省が行った全国学テが過熱化して過度の競争を煽《あお》り、さまざまな弊害をもたらしたという苦い経験があったからだ。しかし、中山大臣の意思は固く、翌11月の経済財政諮問会議の席上で全国学テを実施すると発言した。そして、ついに２００７年から全国の小学６年生と中学３年生を対象とした全員調査を行うことになった。

児童生徒の学習到達度は、すでに絶対評価で行うことになっていた。つまり、ほかの児童生徒と比べて何人中何番かということは問題ではなく、客観的な基準に照らしてどこまで到達したかを評価するという考え方だ。だから、学力の評価は各学校で行えば十分なのである。特に、高得点の獲得をめざして児童生徒同士を競わせるという発想は、望ましい学力の形成にとってはむしろ害があると言うべきだ。一斉ペーパーテストで測定できる「学力」は、たとえどんなに工夫を凝らしたとしても、結局学力全体のほんの一部分でしかない。そんなテストで競争させることは、その一部分の学力だけを歪んだ形で肥大化させることになる。

全国学テは、「悉皆《しっかい》調査」だと言っているが、全国の学校に実施を義務づける法令などはない。法的に言えば、文部科学省は全国の学校に「よかったら実施しませんか?」と呼びかけているだけなのであって、実施を強制する権限はないのである。実施するかしないかの判断をするのは、学校の設置者だ。公立学校なら市町村教育委員会、私立学校なら学校法人である。学テの実施は任意なのだ。実際、私立学校は半数程度しか実施していない。

2007年度の第1回の全国学テの際、全国の市町村教育委員会でただ一つ、愛知県犬山市が実施しなかった。もともと独自の教育改革を強力に進めていた犬山市教育委員会は、義務教育がすべての子どもに保障すべき学力は「自ら学ぶ力」であり、そのような学力は、特定の教科の一部の学力を対象とした学力調査によっては、測定することも高めることもできないと考え、全国学テへの不参加を表明した。実に天晴れな振る舞いであった。このように考える教育委員会が一つしかなかったことは残念だが、犬山市だけであっても全国学テに参加しない教育委員会が存在したことは健全なことである。その後市長の交代により教育委員の入れ替えが起こり、犬山市も学テに参加するようになった。今や日本中のすべての市町村教育委員会が全国学テを実施している。これはむしろ不自然であり、不健全な状態だと言ってよい。たとえば、全国学テの実施は学校に負担がかかるから、毎年度実施するのではなく、2年とか3年とかに一度実施するという教育委員会があってもいいではないか。

君が代を歌わない生徒、全国学力テストに参加しない教育委員会、そういう信念を持った少数者が存在する社会のほうがいい。

八重山教科書問題

二転三転した経緯

２０１１年から２０１４年にかけての八重山教科書問題は、私が明らかに面従腹背し、上位権力に従いつつも、その目指す方向と異なる形で決着させた問題だった。

沖縄県の八重山諸島は沖縄本島よりも台湾に近い日本の最西端にある。そこには石垣市、竹富町、与那国町の３つの自治体があり、小中学校の教科書については、これら3市町が共同採択地区を構成していて、同じ教科書を採択しなければならないことになっていた。この共同採択制度は教科書無償措置法で定められた制度である。この八重山共同採択地区で２０１２年度に使用する中学校の公民の教科書の採択について、

3市町教育委員会の間の意見が割れたのだった。

2011年8月23日に行われた教科用図書八重山地区採択協議会の場で、協議会会長である石垣市教育委員会の玉津博克教育長が、同協議会の規約改正を提案した。それは協議会の構成を大幅に変更するとともに、教科書採択の答申を行う意思決定に多数決を採用するというものだった。本来、協議会自身がその設置根拠である規約を改正することなどできない。規約改正は3市町の教育委員会の合意によってのみ行われるはずだ。しかし、玉津教育長の提案は協議会の席上で「承認」され、規約は協議会によって「改正」されてしまった。その上で、多数決の結果、中学校公民教科書として育鵬《いくほう》社版を採択する旨の答申を行うことが「決定」された。この答申を受けて3市町教育委員会は教科書採択を行ったが、中学校公民については石垣市と与那国町が協議会の答申どおり育鵬社を採択したのに対し、竹富町は東京書籍を採択した。これでは共同採択にならない。再度協議会が開かれ協議したが、教科書の一本化は図れなかった。

中学校公民教科書採択の一本化を図るべく、同年9月8日には3市町の教育委員全員による「八重山教育委員総会」において、沖縄県教育委員会の課長も同席の上で協議が行われた。教育委員全員による多数決を行った結果、今度は東京書籍が多数を得る結果となった。内訳は竹富町5人中5人、石垣市5人中2人、与那国町3人（自治体の規模が小さいので教育委員は3人）中1人、合計8人が東京書籍を推したのである。この多数決が3市町教育委員会を拘束するものであるかどうかが問題になった。異を唱えたのは石垣市の玉津教育長である。玉津教育長は教育委員総会の多数決が無効である旨を主張する文書を文科省に送り、文科省の指導を求めた。他方、同じ石垣市教育委員会の仲本英立委員長は、この多数決を有効と考える旨の文書を文科省に送った。正反対の内容の文書を同じ教育委員会から受け取った文科省は、どういう判断をしたかというと、教育長からの文書には公印が押してあるが教育委員長からの文書には公印がないという理由で、教育長からの文書を石垣市教育委員会の見解を示すものと断定し、石垣市教育委員会が同意していない以上、教育委員総会の多数決による決定は成立していないと判断した。

この頃、東京・永田町では何が起きていたかというと、玉津教育長と頻繁に連絡を取り合っていた自民党（当時は野党）の義家弘介衆議院議員が、文部科学省初等中等教育局の幹部を呼びつけて圧力をかけていたのである。私はその頃、大臣官房で総括審議官というポストにいた。この八重山教科書問題については、教科書課の課長補佐が時折報告に来ていたが、私はそのつど初等中等教育局（初中局）の判断はおかしいと指摘していた。石垣市の教育長文書と委員長文書のどちらを正当なものと認めるかの判断は、公印の有無などではなく、法律に照らしてどちらが教育委員会を代表する権限を有しているかで判断すべきだった。地方教育行政法12条3項（当時）は「委員長は、教育委員会の会議を主宰し、教育委員会を代表する」と規定されていたのだから、まずは委員長からの文書を正当なものと推定すべきだったのだ。

当時の初中局は義家議員に迎合していた。義家氏は野党の一議員に過ぎない人物であるにもかかわらず、初中局はその後も氏の意向に沿うように判断し、氏の意向に沿う理屈をつくりあげていった。そうやってつくった理屈で、本来の上司である大臣や副大臣に説明をし、その線で国会答弁をするよう仕向けたのだ。これは面従腹背というよりは明らかな裏切り行為と言うべきものだった。

当時の初中局は、9月8日の教育委員総会の多数決を無効と断じる一方で、8月23日の採択協議会の多数決は有効とし、竹富町教育委員会もそれに従う義務があると言った。そのために内閣法制局まで行ってその見解を求め、各市町の教育委員会は「協議の結果に拘束される」という見解を引き出した。そうした上で、8月23日の採択協議会の多数決は「協議の結果」に当たると主張したのである。

この理屈はあまりにもひどいと私は思った。8月23日以降も協議は続いていたではないか。「協議の結果」などというものは、8月23日には得られていない。むしろ、教育委員全員による総会を開いても話がまとまらなかったのだとすれば、「協議の結果」には未だ到達していないと判断すべきではないか。初中局は義家氏、玉津氏に加担するための理屈をむりやりつくり上げたのだ。

「是正」すべき「違法状態」は存在しなかった

しかし、初中局も竹富町に育鵬社の教科書を採択させることは困難だと考えていた。

そこで、竹富町の東京書籍の採択は「違法だが有効」という理屈をつくった。教科書無償措置法上は違法なので、無償給付の対象にはしないが、地方教育行政法上は有効なので採択そのものは認める、という判断である。石垣市と与那国町が採択した育鵬社の教科書は適法な採択だったので無償で給付するが、竹富町の東京書籍の採択は違法なので無償給付しないことにしたのである。竹富町がどうしたかというと、住民から寄付を募ってそのお金で東京書籍の教科書を購入した。そのときこの教科書を必要とする中学生は22人だったから、寄付金で十分賄えたのである。

民主党政権下においては、そのような形でいったん収まった八重山教科書問題だったが、2012年12月の政権交代により第2次安倍政権が成立し、下村博文氏が文部科学大臣に、義家弘介氏が文部科学大臣政務官に就任すると、この問題が蒸し返され、竹富町の教科書採択は違法なのだから適法な採択（つまり育鵬社の採択）に変えさせろという圧力が高まった。そのまったただ中の2013年7月に、私は大臣官房長から初等中等教育局長に異動したのである。

私はそれまでの初中局の姿勢を引き継ぎ、下村大臣、義家政務官の指示に従って、沖縄県教育委員会に対し竹富町の採択を変えさせるよう指導した。完璧に面従していたと言える。しかし、当然ながら竹富町は教科書採択を変更しようとはしなかった。そこで下村大臣と義家政務官は、この「違法状態」を「是正」するためには地方自治法上の是正要求をするほかないと考えるに至ったのである。一方私は、竹富町に「是正」すべき「違法状態」は存在しないと考えていた。八重山地区で起きた事態は、単に3つの教育委員会の意見が一致しなかっただけのことで、そのどちらかが適法でどちらかが違法だというわけではない。共同採択地区で教科書が一本化できないという教科書無償措置法の想定していない事態が生じたということだ。

それまでに初中局が作りあげていた理屈は、事実をねじ曲げてまで竹富町の採択が違法だという結論に持っていこうとするものであり、至るところに誤りがあった。まず八重山地区採択協議会の規約改正は手続きが間違っていたから、本来無効だと考えるべきであり、「改正」した規約に基づく多数決も無効だったはずだ。規約改正の誤りを不問に付すとしても、２０１１年8月23日の協議会で行われた多数決の結果はあくまでも「答申」であって、それ自体に拘束力はなかったはずだ。かりに拘束力があったとしてもこのときに「協議の結果」が得られたとは到底考えられない。なぜならその後も協議は続いたからだ。9月8日の教育委員総会の多数決が無効だと主張したのは石垣市の玉津教育長だが、仲本教育委員長は有効だと主張した。教育委員会を代表する権限を持っているのは委員長であるから、教育長の見解のみによって合意が崩れたとは言えない。竹富町の採択を「違法」と断じて「是正」を要求する根拠は、本当はまったくなかったと言ってよい。

共同採択地区の縛りをなくす

文科省は2013年10月に、地方自治法に基づき、竹富町に対して是正の要求をするよう、沖縄県に指示した。私は水面下で、沖縄県教育委員会の諸見里明教育長に、この指示への対応について時間をかけて検討するようお願いした。その頃すでに教科書無償措置法の改正の検討に入っていたからだ。この法改正の表向きの目的は、教科書の共同採択において必ず教科書の一本化が行われるようにすることだったが、私の狙いは共同採択地区の括りに対する縛りを緩めることにあった。従来の共同採択地区の括り方では「郡」を分けられないことになっており、竹富町は八重山郡から分離独立して単独の採択地区になることができなかったのである。しかし、平成の市町村合併が進んだため、郡に残る町村は極めて少なくなり、郡で縛りをかけることがかえって不合理なケースも出てきた。そこで、法律を改正して郡の縛りを外すことにしたのである。ただし、この改正は共同採択制度を一般的に改善するためのものであって、決して八重山地区を念頭に置いたものではないということを強調した。本心では八重山地区から竹富町を分離することを狙っていたのであるが……。その真の狙いは隠したまま、法案は無事国会に提出された。

文科省の対竹富町の姿勢はますます高圧的になっていった。沖縄県教育委員会がいつまで経っても「検討中」と言い竹富町に対する是正要求をしないので、ついに文科省自ら直接竹富町に対して地方自治法上の是正の要求を行った。2014年3月である。その上で、沖縄県の諸見里教育長、竹富町の慶田盛《けだもり》安三教育長をそれぞれ文科省に呼び、局長である私から、文科省の是正の要求に従うよう求めた。メディアの前では「是正の要求に従わないのは極めて遺憾」などと厳しく言い渡したのだが、メディアがいなくなった後で本音の相談をした。「今、法律改正が国会に出ているから、それが通ったら竹富町を単独の採択地区にしましょう。それまでは頑張ってください」と伝えたのである。

国会での法案審査では、共同採択地区の郡単位の縛りをなくすことに関して、八重山地区はどうなるのかという質問もあったが、八重山は今までどおり一つの採択地区だという答弁で通した。この点については、私は明らかに自分の意図と異なる答弁をしていたのである。

教科書無償措置法の改正は2014年4月9日に成立し、すぐに公布・施行された。私はさっそく沖縄県の諸見里教育長に連絡し、時間を置かずに共同採択地区の見直しをしてくれるよう伝えた。そして、八重山地区は石垣市と与那国町からなる採択地区と竹富町単独の採択地区とに、めでたく分離されたのである。最後は下村文科大臣も、この結末を是《ぜ》としてくれた。3年続いた八重山教科書問題はこうして円満解決に至り、この件に関する私の面従腹背も終わった。

もとはと言えば、共同採択制度という代物がすでにまったく時代遅れの制度なのだ。できるだけ早い機会に廃止するべきである。少なくとも「郡」の縛りはもうなくなったので、採択地区を決定する権限を持つ都道府県教育委員会の判断一つで、すべての市町村を単独採択地区にしてしまうことはできる。私がどこかの県の教育長だったら、必ずそうするだろう。複数の市町村で同一の教科書を使わなければならない理由はまったく存在しないと思うからだ。

さらに最終的には、教科書採択は各学校の権限にすべきである。複数の学校で同一の教科書を使わなければならない理由もないからだ。教育課程は学校ごとに編成される。ならばそれぞれの教育課程に最もふさわしい教科書を学校ごとに選べるようにすべきなのだ。２０１４年の改正はそのための第一歩になって欲しいと思っている。

第3章
教育は
誰のものか

政治と教育

「不当な支配」とされた政治家の行為

政治家による教育現場への介入が教育基本法にいう「不当な支配」に当たると最高裁判所が認めた事件が、2003年に起きた七生《ななお》養護学校事件だ。東京都日野市にある七生養護学校（現・七生特別支援学校）は知的障害のある子どもたちが在籍する学校だが、ここで生徒同士が性的関係を持つ事件が発生したことをきっかけに、教職員が工夫を重ね、知的障害児のための先進的な性教育プログラムを開発、実践した。この取り組みは保護者からも支持され、学校教育関係者からも評価されていたが、2003年7月、都議会の土屋敬之議員がこれを「不適切な性教育」と批判的な質問をすると、石原慎太郎都知事もこれに同調し、都教育長は是正を約束する答弁をした。

その2日後、土屋敬之都議、古賀俊昭都議、田代博嗣都議の3人は産経新聞の記者や東京都教育委員会（都教委）の指導主事とともに突然、七生養護学校に押しかけ、教職員に暴言を吐き、教材をむりやり取り上げるなどの行為に及んだ。同年9月には、都教委が当時の校長の降格など116人の教職員に対する処分を行った。これに対し、七生養護学校の教職員や保護者は2005年5月、都教委や関係した都議らを被告として、教育への不当な介入に対する損害賠償を求めて東京地方裁判所に提訴した。この裁判は「こころとからだの学習」裁判（ここから裁判）と呼ばれている。

2009年3月東京地裁は、都議たちの行動は教育の自主性を阻害し、これを歪める危険のある行為で、教育基本法が禁じる「不当な支配」に当たると判示して、都議たちに損害賠償を命じた。また、都教委の職員はそうした不当な支配から教職員を保護する義務があるにもかかわらず、都議たちの政治介入を放置したとして、保護義務違反に当たると判示し、処分についても違法性を認め都に対し損害賠償を命じた。

2011年9月、二審の東京高等裁判所は一審判決を支持し、教育委員会の権限について「教員の創意工夫の余地を奪うような細目にまでわたる指示命令等を行うことまでは許されない」とし、七生養護学校の性教育が学習指導要領違反だとする被告都教委の主張については「その一言一句が拘束力即ち法規としての効力を有するということは困難」として「教育を実践する者の広い裁量」を認め、学習指導要領違反はないと判示した。2013年11月、最高裁判所は上告を退け、この高裁判決が確定した。また、当時の校長が処分の取り消しを求めた訴訟では、2010年2月に処分取り消しの判決が確定している。

この「ここから裁判」で不法行為に対する損害賠償を命じられた古賀都議は、2018年3月に都議会において、足立区立中学校で行われた性教育について問題視する質問をした。これ受けて都教委は「性交」「避妊」「人工妊娠中絶」という言葉を使って説明した点を問題とし、区教育委員会（区教委）に対して指導を行うとした。しかし、区教委は「不適切だとは思っていない」「生徒や保護者のニーズに合ったものだ」と反論している（朝日新聞、2018年3月24日付）。

どうも古賀都議も都教委も、七生養護学校事件から何の教訓も得ていないようだ。

一政治家の言動によって教育現場の実践に口を出すなどということは、法令違反が明らかな場合などを除き、教育の自主性を侵す行為として「不当な支配」に当たると考えるべきだ。都教委は、教育行政が踏み越えてはならない限界というものをわきまえていなければならない。

文科省が名古屋市教委に質問状を送付

同様の事件が、私自身が関わった学校にも起こった。

２０１８年2月16日、私は旧知の間柄である名古屋市立八王子中学校の上井《うわい》靖《やすし》校長（当時）に招かれ、同校の生徒の前で授業を行った。その「授業」は上井校長との掛け合いの形で、文部科学省の仕事、私が子どもの頃不登校だったこと、夜間中学が果たしている役割、宮澤賢治の詩から学んだことなどについて話をした。私が生徒たちに伝えたかったのは、自分の頭で考えることの大事さ、自分で自分を変えることができること、大きな宇宙の生命を感じることなどだ。加計学園問題に触れたわけでも、安倍政権批判をしたわけでもない。この授業は保護者や地域の人にも公開されており、自民党の県議会議員も参加していたと聞いている。

この授業について、文部科学省の教育課程課から名古屋市教委を通じて、その内容や経緯の説明を求める質問状が、学校に届いたのだ。上井校長からそのことを聞いて、私は驚きと落胆を覚えた。こんなことは文部科学省がすべきことではないし、通常するはずのないことだ。何らかの政治的な力が働いているに違いないと思った。政務三役（大臣、副大臣、大臣政務官）の顔ぶれを思い起こしてみたが、いずれも良識のある人たちで、こんなことを命じるとはとても考えられない。とすれば、省外の有力な右派政治家が圧力をかけたのだろう。文科省がなかなか逆らえない力を持った人物であるはずだと、私は想像した。

ほどなくしてその人物が誰か分かった。自民党文部科学部会の部会長である赤池誠章氏と部会長代理の池田佳隆氏。二人ともいわゆる「安倍チルドレン」だ。赤池氏は文科省に「問い合わせ」をしたことは認め、池田氏はあらかじめ質問状の案を見た上で「感想」を述べたことは認めたが、両氏とも文科省に「圧力」をかけたことは認めなかった。しかし、私は現職中にこれらの政治家の振る舞いを直接見聞きしていたから、彼らが文科省の職員をどのように恫喝《どうかつ》し無理を強いたかは容易に想像できる。

文科省は、今回の質問状送付はあくまでも文科省自らの判断によるものであって、これら二氏からの圧力によるものではないと説明したが、それは嘘だ。自分たちが悪者になることで、二人の政治家を庇《かば》おうとしたのだ。これは、いじめの構図そのままである。いじめられている子どもは、なかなか自分がいじめられているとは言わない。加害者の名を明かせば、被害がさらにエスカレートする危険があるからだ。

部会長・部会長代理は強力な権限を持っている。文科省が作成する法律案、政令案や予算案、その他さまざまな政策には、「与党審査」という関門がある。与党の部会が了解しなければ先に進めないのだ。部会では容赦なく役人が叩かれる。国会の野党議員の質問の比ではない。その部会の要のポストを占める二人から圧力をかけられれば、文科省の役人は彼らのご機嫌を損ねないため何とかしようとする。

私も現職のとき、たちの悪い政治家の恫喝には何度も遭ったから、今回の文科省の行動には同情を覚える。しかし、同時に残念で情けない思いも抱かざるを得ない。赤池・池田両氏の行為は、教育基本法16条が禁じる「不当な支配」にあたると考えられる。だから、文科省はその不当な圧力に屈するべきではなかったし、それをなんとかかわす方法はあったと思う。まず、この二人の政治家に対しては、学校現場への口出しは教育基本法違反になるからできないと言うべきだった。それでもやれと言われたら、いったん持ち帰って大臣や副大臣に相談すればよかった。文科省の行為は最終的に大臣の責任になるのだから、大臣にはこのような質問状を出すことが社会的批判を受ける可能性が高いことを説明し、大臣の了解を得た上で赤池・池田両氏に断りの返答をするという方法が取れたはずだ。

今回、文科省の後輩たちが、赤池・池田両氏の圧力に屈してやすやすと学校現場への露骨な介入を行ってしまったのは、彼らの間で「教育行政の謙抑性」についての自覚が低下しているからなのではないかという心配もある。だとすれば、旧教育基本法10条の教育は、「国民全体に対し直接に責任を負つて」行われるべきものという文言が削除されたことが影響しているのかもしれない。

文科省は、今回の質問状送付は、地方教育行政法53条1項に基づく調査だと言っている。確かに、地方教育行政法は文科大臣が教育委員会に対し同法48条に基づく何らかの指導・助言・援助を行うため必要がある場合には、調査ができることになっている。しかし、この条文が想定している事態は、いじめに起因すると疑われる自死事件が起きた場合や、学習指導要領上開設すべき科目が開設されていなかった場合など、教育委員会任せにはできないような事情がある場合である。今回の授業が、そのような場合に当たるとは到底考えられないから、質問状の送付は調査権の濫用だと言わざるを得ない。

文部科学省の後輩たちには、旭川学力テスト事件最高裁判決や七生養護学校事件東京高裁判決をよく読み直し、教育と教育行政とのあるべき関係について、もう一度しっかり考えてほしいと思う。

子どもの学習内容は誰が決めるのか

政治と教育の関係はどうあるべきか。この問題については1960年代、1970

年代を通じて「国民の教育権」説と「国家の教育権」説が対立していた。学校で何を教えるかを決めるのは、教師を中心とする国民なのか、文部省を中心とする国家なのかという対立である。この対立に一定の決着をつけたのが１９７６年の旭川学力テスト事件最高裁判決だ。基本として認めたのは子どもの学習権である。

子どもは学習し成長する権利を憲法上の人権として有している。その学習の内容や方法は誰がどう決めたらよいのか。その答えは一義的には出てこない。親（又は親に代わる保護者）なのか。しかし、子どもを虐待する親もいるではないか。そんな親に独占的権限を認めるわけにはいかない。では教師なのか。教師は法律で定められた教員免許状を持っており、学校の教員として採用されているのだから、一応教育者としての資質能力を持つ者と認められる。しかし、現実には、教師の中にも生徒に暴力を振るったり、体罰を行ったり、セクハラをしたり、十分な指導力を持っていなかったりする者がいる。教師が子どもの教育について独占的な権限を有しているとも言い難い。では、文科省なのか。文科省の最高意思決定権者は文科大臣だ。文科大臣は通常は政治家であり、政治家である内閣総理大臣によって任命される。内閣総理大臣は衆議院によって選ばれる。衆議院議員は有権者の選挙によって選ばれる。また、文科大臣は、その教育に関する権限を法律によって与えられている。法律は国民の代表であり、国権の最高機関である国会によって制定される。とするならば、代議制民主主義の下、正当に任命され、民主的に定められた法律に基づいて行われる限り、文科大臣が子どもの教育の中身を決めても良さそうに思われる。しかし、どうだろう。文科大臣に100パーセントの権限を与えてしまってよいのだろうか。法律に基づいて決められたことはすべて正しいのだろうか。文科大臣がすべての子どもにふさわしい教育内容を決めることなど不可能だ。1000万人の小中学生の一人ひとりにふさわしい教育を一人で決めることなどできない。

法律も万能ではない。法律で決めたからといって教育内容として妥当だとは言えない。たとえば、南京事件。日中戦争において1937年12月に日本軍が南京を占領した際に起きた非戦闘員や捕虜に対する大量虐殺や略奪・暴行は、歴史学という学問的な営みの成果として、実際に生じた事件であると考えられている。その事件を「存在しなかった」と教えろと文科大臣が決めたとして、それは正しいことだろうか。あるいは「南京事件はなかったと教えろ」という法律を作ったとして、それは正しい法律だと言えるだろうか。

学問によってのみ真理・真実に到達できる

学問は、真理や真実に迫ろうと人類が積み重ねてきた営みである。それは「学問の自由」が保障される中でしか実現しない。自由な学問的営みの中で真理・真実により近いとされていることを、整理し構造化し子どもの発達段階に応じて再構成したものが「教科」である。真理や真実は学問によってしか到達できないものであり、法律に書いたから真理なのだ、真実なのだなどと主張することはできない。

国ができるのは、学者や専門家の知恵を結集し、学問の成果を集約して、教育内容の大まかな基準（大綱的基準）をつくるところまでだ。そういう意味で、旭川学力テスト事件最高裁判決は、国には学習指導要領を定め、大綱的基準として教育内容に関与する権限があると判示したのである。同時にこの判決は、多数決原理に基づく政治による教育への関与は抑制的でなければならないとも判示している。また、教師と生徒との直接的な人格的接触の中に教育の本質があることから、教師の教育の自由を一定の範囲で認める考え方も示している。

1947年教育基本法は第10条で「教育は、不当な支配に服することなく、国民全体に対し直接に責任を負つて行われるべきものである」と規定していた。「不当な支配」としては国家権力による教育への政治的介入が想定されており、教育者（教師）は生徒を含む国民に対して直接に責任を負うものとされていた。

2006年の改正により、「国民全体に対し直接に責任を負つて」のくだりが削除され、代わって「この法律及び他の法律の定めるところにより」という文言が入れられた（16条）。与党協議の結果確定されたこの文言については、当事者の一人であった故山下栄一氏（当時公明党参議院議員）が「法律万能・法律絶対の考え方は誤り」「教育行政が従うべき法律は、教育を受ける側や教育を行う側にとって、権利や権限を不当に侵すようなものであってはならない」と説明しているのだが、一方で改正案を提出した小坂憲次文部科学大臣（当時）は「法律に定めるところにより行われる教育が不当な支配に服するものではない」と答弁している。この新16条は教育への無制限な政治介入を許しかねない危険性を持っていると言わざるを得ない。

政治介入を防ぐ審議会の役割

地方教育行政（正確には地方における高校以下の公立学校の管理運営及び生涯学習・社会教育の振興に関する行政。大学行政、私学行政、保育所における幼児教育は除かれる）は、教育委員会という合議制執行機関の下で行われている。

教育委員会の存在理由は、①多様な民意をバランスよく公教育に反映させること、②政治の介入を遮断して、公教育の政治的中立性を確保することとの2点であるとされる。そこで従来から提起されてきた疑問は、「それならなぜ、国の教育行政は合議制機関ではなく文部科学大臣という独任制機関の下に置かれているのか」という問題である。その一応の答えは、「国は直接学校を設置していないから」である。国立大学付属学校というものはあるが、それらは「大学の自治」を保障された大学の下にあるのだから、政治介入の余地はない。教育活動に直接タッチしないのだから合議制でなくても教育への政治介入は起きない、という理屈だ。

しかし、この説明は結構苦しい説明だ。特に教育課程行政や教科書行政に関する限り、公教育の内容に国が関与していることは明らかであるから、こうした行政が一人の大臣の意思決定に委ねられていいのかということは、当然問われるべき問題である。大臣の「鶴の一声」で学校現場に大きな影響が生じる決定がなされることは、これまでにも多々あった。古くは1958年の「特設道徳」の実施だ。これは岸内閣の松永東《とう》文部大臣の指示により、一通の通達で実施された。1992年9月から始まった月1回第2土曜日を休業日とする部分的学校5日制も、当時の鳩山邦夫文部大臣の指示で実行に移された。

公教育への多様な民意の反映と政治的中立性の確保という教育行政に内在する条件は、やはり国の教育行政にも当てはまると言わねばならない。では、その条件はどのようにして満たされているのだろうか。そこで重要な役割を担うのが審議会である。

審議会は、よく「行政の隠れ蓑」などと言われ、先に役所が決めた方針を追認して権威づけに使われているだけではないかと批判される。財務省に置かれている財政制度等審議会（財政審）などは、多分にそういう批判が当たっている。財政審は毎年予算編成に先立って答申を出すが、中身は主計局の役人がすべて書いており、個々の委員の意見などほとんど反映されていない。

文部科学省の教育に関する審議会（中央教育審議会、教科用図書検定調査審議会、大学設置・学校法人審議会）にも、そうした役人主導の側面がないわけではない。しかし、これら教育に関する審議会では、委員の学識・経験に基づく発言をかなり丁寧に拾い上げ、コンセンサスを形成する努力を重ねた上で答申や意見をまとめている。教育行政に携わる文部科学省の官僚にとって「審議会でご議論いただく」というプロセスは、かなり実質的な意味を持っているのだ。単なる「隠れ蓑」では決してない。政治主導で提起された政策課題についても、審議会で検討することによって軌道修正が図られることが多い。

だからこそ、教育基本法の改正についても、道徳の教科化についても、中教審で時間をかけて検討してもらったのである。多様な民意の反映と政治的中立性の確保は、国の教育行政においては、かろうじて審議会がその担保となっているのである。審議会は政治介入へのバッファー（緩衝材）だと言ってもいいだろう。

審議会の形骸化

「審議会での検討」という政策形成プロセスが形骸化してしまうと、国の教育行政における政治的中立性はたちまち危うくなる。文部官僚は政治に弱いからだ。

財務官僚は予算の配分を通じて政治家に恩を売ることができるし、国税で睨《にら》みを利かせることもできる。国土交通官僚や農水官僚は補助金の個所づけを通じて政治家に恩を売ることができる。警察官僚は警察権力をバックに、政治家に睨みを利かせることができる。一方、文部官僚には、こうした政治家に恩を売る手段も、睨みを利かせる手段もない。逆に、特定のイデオロギーを持った強力な政治家集団があれば、そっちに引きずられてしまう。文部官僚が政治に対抗する砦は法令と審議会しかない。法令の砦は、教育基本法の改正によりかなり弱体化された。そして、審議会という砦も安倍政権の下で形骸化が進んでいるのである。

審議会が形骸化する要因は2つある。1つは、政権中枢の内閣官房・内閣府が主導するスーパー審議機関の設置（首相官邸主導体制）であり、もう1つは審議会委員の政治的な任命である。政権中枢の審議機関で最も権威があるのは経済財政諮問会議だが、そのほかに行政改革推進会議、産業競争力会議、働き方改革実現会議、未来投資会議など多くの会議体が設けられている。多くは閣議決定で設けられたものだ。その中に第1次安倍政権で置かれた「教育再生会議」、第2次安倍政権で置かれた「教育再生実行会議」がある。教育再生会議・教育再生実行会議の委員の人選は、極めて政治的に行われ、政権にとって好ましい考え方を持つ人物ばかりが任命されたので、そこから打ち出される改革案も当然政権寄りのものばかりになった。教育再生会議・教育再生実行会議は、首相直属の会議であるがゆえに文部科学省に置かれた中央教育審議会（中教審）よりも上位の機関として位置づけられているので、中教審はこれらの会議で打ち出された改革案の具体化方策を検討する下請け機関のようになってしまった。

政治任用は、中教審など文科省の審議会にも及んでいる。中教審は30人の委員からなるが、その任命にあたっては事実上の「職指定」、あるいは「団体推薦」という形で、特定の職に就いている人や特定の団体から推薦された人をそのまま任命するケースがある。たとえば、日本PTA全国協議会や都道府県教育長協議会の会長は常に中教審委員だ。しかし最近は、こうした職指定・団体推薦型の任命が減り、任命権者である文部科学大臣の意向を反映した任命が増える傾向にある。

1995年に日本教職員組合（日教組）が運動方針の転換を行ったあと、1997年4月に発令された中教審委員の中には、日教組の委員長だった横山英一氏が含まれていた。横山氏の任命は文部省と日教組との「和解」を示す画期的な出来事であり、中教審の中立性を高めるものだった。横山氏のあとは日教組書記長だった渡久山長輝氏が引き継いで中教審委員の職に就いた。しかし、日教組から委員を入れるという慣行は定着せず、2005年2月に中山成彬文部科学大臣が任命した委員の中からは日教組出身者の名前が消えた。

2009年2月に篠原文也氏（政治評論家）を中教審の委員に任命したのは塩谷《しおのや》

立《りゅう》大臣だったが、篠原氏を強く推したのは元文部科学大臣だった町村信孝氏だった。しかし、町村氏自身が篠原氏を委員にすることによって中教審の審議に何らかの影響を及ぼそうとする意図を持っていたとは思われない。主権者教育に強い関心をもつ篠原氏自身が中教審入りを望み、親交のあった町村氏に頼んだのではないかと思われる。

文科大臣が自分の考えを中教審委員の人選に反映させる傾向は、第2次安倍内閣で文科大臣になった下村博文氏において顕著になった。下村氏は事務方が用意した委員候補者を一人ひとり吟味し、不適格であると認めた人物は排除した。また、事務方が候補に入れなかった人物を自らの意向で任命した。その筆頭格とも言うべき存在が櫻井よしこ氏である。

こうした審議会の形骸化・政治化が進むことで、教育内容への政治権力の介入に対する歯止めが利きにくくなっていったのである。文部官僚の立場からいえば、「審議会での検討」を理由とする面従腹背がしにくくなってきたということでもある。

臨教審のパラドックスと教育基本法改正

中曽根首相と臨時教育審議会

私が文部官僚としてやりたくなかった仕事の最大のものは、2006年の教育基本法改正である。

1947年に制定された教育基本法は前文も含めて全面的に改正された。「教育の目標」として「国を愛する態度」や「公共の精神に基づき社会の発展に寄与する態度」などを新たに規定。「教育は国民全体に対し直接に責任を負って行われるべきもの」とする規定が削除されて、「教育は法律の定めるところにより行われるべきもの」とする規定が盛り込まれた。家庭教育については1条が設けられ、「保護者の第一義的責任」が規定され、生活習慣を身に付けさせることなどに「努めるものとする」と法的義務を課す規定が設けられた。こうして、法律さえあれば、国家が学校教育のみならず家庭教育に対しても介入できる法的根拠ができたのである。教育に対する全面的な国家統制に通じる門が開かれたと見ることができる。

教育基本法改正への企図は、１９８０年代の中曽根内閣のときに始まったと言える。中曽根康弘首相が、総理大臣直属の諮問機関として、臨時教育審議会（臨教審）を設置し、教育改革に乗り出した本意は、教育基本法の改正にあった。中曽根氏は政治を志した当初から自主憲法制定を信条としてきた政治家である。１９５６年には自身が作詞した「憲法改正の歌」を発表している。氏は１９４７年に制定された日本国憲法と教育基本法とが不可分のものであるという認識を持っており、憲法改正の前提として、まず教育基本法の改正が必要だと考えていた。

しかし、臨時教育審議会設置法（１９８4年8月成立）には、野党との妥協の結果として、第1条の目的規定に「教育基本法の精神にのっとり」改革を図るとの規定が盛り込まれたため、教育基本法改正論議はそのスタートの時点から躓《つまず》いてしまった。

また、臨教審の委員の任命に当たっては「両議院の同意を得なければならない」（第5条第2項）とされており、その同意案件を通すため、中曽根首相は国会で、臨教審では教育基本法改正問題を扱わない旨の約束をした。

それでも、氏が本心においては教育基本法改正に踏み込もうと考えていたことは、次のようなご自身の発言に示されている。

「（臨教審は）国会の承認を取るために一応、教育基本法には手をつけないことを約束しましたが、いざとなったら枠を越えてしまえと私は腹を括っていました」（『自省録—歴史法廷の被告として』中曽根康弘／新潮文庫／2004年）

しかし、結局臨教審は教育基本法の改正に踏み込んだ審議をすることはなかった。そのことを中曽根氏が残念に思っていたことは、次のような発言に示されている。

「（臨教審の教育改革は）一番大事な、基本的な問題が欠落していた。精神的なバックボーンがない。教育基本法に、ただ従っているだけだ。教育基本法は個人や自由が強調され、国家や公に対する観念や、日本固有の文化や伝統を尊重しようという大切なものが入っていない」（朝日新聞／2002年7月28日付）

中曽根氏は、首相退任後も教育基本法改正の必要性について繰り返し発言していたが、その教育基本法改正論は次のような発言に示されている。
「現在の教育基本法はマッカーサー時代につくられたものだから、日本という国の風土や歴史、そして日本的生活、家庭というものにまったく立脚していない蒸留水みたいなものといっていい。人類、平和、人権といったものは優先しているが、子どもたちが生きていく上で基本中の基本となる人間として生きてゆく基本の型や道徳性が閑却されている。これが幼児教育、初中教育の基礎にないからオウムのような事件が起きてくるわけですよ」（『大地有情―五十年の戦後政治を語る』中曽根康弘／文藝春秋／1996年）
また、2001年11月5日に東京で開かれたシンポジウム「教育改革の目指すもの」（主催／日本の教育改革を進める会）で基調講演をした中曽根氏は、「教育基本法と憲法は不可分に結びついている。例えば教育勅語は大東亜戦争まで憲法の思想的バックボーンだった。今日の憲法も、教育基本法の前文にその精神が取り入れられ、不可分の関係であることは明らかだ」「改憲は10年以内にできるだろう。教育基本法はその根をつくる意味で、憲法に先駆けて改正しなければならない」と述べている（産経新聞／２００１年11月６日付）。

中曽根氏にとって国家とは民族的共同体のことであり、その立派な構成員となるよう人間を教化することこそが真の教育だということなのだろう。このような精神は、森喜朗氏、安倍晋三氏といった中曽根氏の後継者となる為政者にも引き継がれた。

個人か国家か

１９８４年に臨時教育審議会の設置を主導した中曽根康弘首相（当時）は、臨教審を通じて教育基本法改正に道筋をつけようと考えた。それは憲法改正の前段階として位置づけられていた。その方向性は、個人を過度に重視する思想を脱却し、国家をもっと重視しようとするものだった。しかし、「教育の自由化」をめぐる激烈な議論の結果、臨教審が打ち出した教育改革の方向は「個性重視の原則」、すなわち「個人の尊厳、個性の尊重、自由・自律、自己責任の原則」であり、同時に「生涯学習体系への移行」、つまり個々の学習者が主体性をもって学校の内外を通じ生涯にわたって学び続けられる社会の構築であった。「国家」へ向かうはずだったのに、より「個人」を強調する方向へ行ってしまったのである。これを私は「臨教審のパラドックス」と呼んでいる。

臨教審以後の教育改革は、個人重視、学習者の主体性重視の方向で進んだ。それらは従来の教育システムの「画一性」「硬直性」「閉鎖性」を打ち破ろうとするものであり、教育改革の標語としては「個性化」「多様化」「弾力化」「柔軟化」などの言葉で表されるものが多かったが、同時に「規制緩和」「地方分権」といった行政改革の文脈の中に位置づけられたものも多かった。

学習者本位の改革は、まず学習指導要領の見直しとして進められた。１９８９年の改訂では、「新しい学力観」として自ら学ぶ意欲や思考力・判断力・表現力の育成を重視する方向が示された。生涯学習社会を生きる人間を育てる上で、学校は知識を与えることに終始するのではなく、生涯にわたって自ら必要な知識を獲得していく力を身に付けさせることこそが学校教育の役割だという、学校像の転換が行われたのである。さらに2002年から実施された学習指導要領は、「生きる力」を育むことを目指し、知識偏重から脱却して思考力を重視する観点から、「総合的な学習の時間」の新設、「調べ学習」や討論・発表の場面を多く取り入れるなどの改革を進めようとした。2002年指導要領は「ゆとり教育批判」にもさらされることになったが、その狙いは臨教審以降の学習者本位の改革をさらに進めようとするものだったと評価すべきである。

学校制度の改革としては、高校教育制度の改革が先行した。1988年には単位制高校が制度化された。学年ごとの教育課程を設けず、自らの興味・関心や進路希望などに応じて学習できる、無学年制の学校である。まず定時制・通信制課程に導入され、1993年からは全日制課程にも導入された。

1993年からは学校外での学修の成果を単位認定できる制度が始まった。まず、ほかの高校、専修学校での学修や英検などの技能審査の成果が単位認定できるようになった。1998年からは大学、専門学校、社会教育施設での学修やボランティア活動、就業体験、スポーツ・文化活動にも広がった。

1994年には総合学科が制度化された。高等学校設置基準に新たな条項が加えられ「普通教育及び専門教育を選択履修を旨として総合的に施す学科」と定義された。総合学科は単位制とされ、学習者である生徒一人ひとりが自らの進路を考えながら自分だけのカリキュラムを組んでいくことができる。将来の進路や生き方を考え、その上で自分の学修計画のベースとなる科目として「産業社会と人間」が1年次の必修とされた。

義務教育制度の多様化・柔軟化は、高校改革から10年以上遅れて2000年代から始まった。2003年には構造改革特区制度の下で「構造改革特区研究開発学校制度」が始まった。学習指導要領に拠《よ》らない教育課程の編成ができる制度である。この制度を利用して、東京都品川区は独自の教科「市民科」を設定し、小中一貫教育を行う取り組みを始めた。この特区制度は2008年に「教育課程特例制度」として全国制度化された。また、不登校児童生徒を対象とする教育課程の特例を認める「構造改革特区不登校特例制度」も2004年に始まり、翌2005年には「不登校特例制度」として全国展開された。

また、２００３年には不登校やＬＤ（学習障害）、ＡＤＨＤ（注意欠陥多動性障害）の児童生徒を対象とするＮＰＯ法人立学校特区制度が開始された。この特区制度を活用した例としては２００７年に開校した東京シューレ葛飾中学校がある（同校は前述の不登校特例制度も活用している）。

以上に例示した教育改革の具体策は、いずれも学習者の主体性を重視し、多様な個性を生かすことであり、いわば「個人に立脚する教育改革」であった。ところが、一方で「国家に立脚する教育改革」も同時に進行していた。１９８９年学習指導要領改訂における国旗・国歌指導の義務づけは、その先触れとも言うべきものだった。

「個」と「公」の再構築

教育基本法は改正されるべきであるという中曽根康弘氏の精神は、その後継者すべてに同様に引き継がれたわけではない。たとえば、１９９８年に首相の座についた小渕恵三氏の国家観は、中曽根氏のそれとはかなり異なっており、「個」と「公」の関係の再構築を目指すものだった。

2000年1月、「21世紀日本の構想懇談会」（河合隼雄座長）が小渕恵三総理大臣に提出した「日本のフロンティアは日本の中にある―自立と協治で築く新世紀―」は、その第1章（総論）で、国民と国家の関係、個人と社会の関係について次のように記述している。

「どうしたら個人の力をもっとよく活かすことができるのか。二つの変革の核心を提示したいと思う。

一つは、国民が国家と関わる方法とシステムを変えることである。

すなわち、国民が政府に負託し、政府が国民から負託された関係を、あくまでも国民が主体となって担う新たなガバナンス（協治）として確立することである。（中略）政府は国民の代理人である、という意識を国民はもっと持たなければならない。

もう一つは、市民社会における個と公との関係を再定義し、再構築することである。

それにはまず、個を確立することである。自由で、自立し、責任感のあるしっかりとした個であり、同時に他者を人間的共感によって抱擁する広がりのある個を解き放つ。そうしたたくましく、しなやかな個が、自らの意志で公的な場に参画し、それを押し広げることで、躍動的な公を作りあげていく。このようにして育つ公は、個に対してより多様な選択と機会を与えるだろう。そうしてこそ、より果敢にリスクを取り、先駆的な挑戦に挑み、より創造的で、想像力のある、多様で活力のある個人と社会も登場する。その土台の上にそれを促すための報酬制度や、失敗したときの安全ネットの制度を足場として構築することを考えるべきだろう。

新たなガバナンスを築き、個を確立し、公を創出するためには、これまでの日本の社会では十分に表現の場を与えられてこなかった自立と寛容という二つの精神を育てなければならない」

ここに示された思想は、日本国憲法の原理を敷衍《ふえん》したものと言って良い。「変革の核心」だとしているが、むしろ憲法が求める変革を遅ればせながら実行しようとするものと言うべきであろう。まず個人の尊厳があり、その個人が集まって、多様性を包み込む公共空間としての社会を形成する。実にまっとうなことが書いてある。

ところが一方で、「日本人の未来」と題した第5章(第5分科会〈山崎正和分科会長〉報告書）では、教育について次のような記述があったのだ。

「第一に忘れてはならないのは、国家にとって教育とは一つの統治行為だということである。国民を統合し、その利害を調停し、社会の安寧を維持する義務のある国家は、まさにそのことのゆえに国民に対して一定限度の共通の知識、あるいは認識能力を持つことを要求する権利を持つ。共通の言葉や文字を持たない国民に対して、国家は民主的な統治に参加する道を用意することはできない。また、最低限度の計算能力のない国民の利益の公正を保障し、詐欺やその他の犯罪から守ることは困難である。合理的思考力の欠如した国民に対して、暴力や抑圧によらない治安を供与することは不可能である。そうした点から考えると、教育は一面において警察や司法機関などに許された権能に近いものを備え、それを補完する機能を持つと考えられる。義務教育という言葉が成立して久しいが、この言葉が言外に指しているのは、納税や遵法の義務と並んで、国民が一定の認識能力を身につけることが国家への義務であるということにほかならない」

私は、この報告書が発表されたとき、このくだりを読んで我が眼を疑った。こんな記述が許されていいのだろうかと思った。教育を「統治行為」であり「警察の補完」であり「国民の国家への義務」であるとする言説は、完全に憲法の理念に逆行している。そこには、個人よりも国家を優位に置こうとする教育基本法改正の思想が胚胎《はいたい》していたのである。

同じ報告書の中に記述されているにもかかわらず、第1章と第5章とでは、まるで正反対のことが書いてあった。「個と公」の在り方を考えようとした小渕総理ご自身の思想は、おそらく第1章に近いものだったのではないだろうか。

小渕総理は2000年3月、総理直属の諮問機関として「教育改革国民会議」を設置したが、不幸にも翌4月、病に倒れ5月に急逝した。同年4月に総理・総裁の跡を継いだのが森喜朗氏である。

教育改革国民会議の報告から教育基本法改正へ

歴代首相の中で初めて教育基本法の改正を公言したのは森喜朗氏である。森氏は

2000年7月28日、第149臨時国会の所信表明演説において「教育基本法についても抜本的に見直す必要がある」と述べた。中曽根内閣の文部大臣でもあった森氏は、もともと教育基本法改正論者であり、その座右の銘は「滅私奉公」だと言われる。

2000年12月に教育改革国民会議から森首相に提出された報告「教育を変える17の提案」には「森色」が色濃く投影されており、道徳の教科化や奉仕活動の義務化と並んで、「新しい時代にふさわしい教育基本法を」と題し「日本人としての自覚、アイデンティティー」や「家庭、郷土、国家などの視点」から教育基本法の改正の必要性を提言した。2001年4月、小泉内閣が発足。文部科学大臣には文部官僚出身の元文化庁長官遠山敦子氏が就任した。遠山氏は私が高等教育局の係長だったときの上司である高等教育企画課長だった人。可愛がってもらったし、お世話になった人だ。遠山大臣が打ち出した教育改革の理念は「『画一と受身』から『自立と創造』へ」だった。私が見るところ、遠山氏は必ずしも教育基本法の改正には積極的ではなかったと思う。しかし、政治状況は躊躇《ちゅうちょ》を許さなかった。2001年11月5日に開かれたシンポジウムで中曽根康弘元首相が教育基本法の早期改正を促す講演（138ページ）

をしたのはこの頃である。

2001年11月26日、遠山大臣は中央教育審議会に対し「新しい時代にふさわしい教育基本法の在り方について」諮問した。中教審の審議は事務方のペースで進んだ。改正に対して警鐘を鳴らし続けた委員は、私の記憶では市川正午氏ぐらいしかいなかった。

2003年1月には、小泉純一郎首相が通常国会の施政方針演説で「教育基本法の見直しについては、国民的な議論を踏まえ、しっかり取り組む」と表明したが、この表現は2000年の森首相の演説に比べると後退した表現になっている。小泉氏自身は、教育基本法改正に熱心だったとは思えない。中教審は2年余りの審議を経て、2003年3月に答申を出した。中教審答申を受けて、教育基本法の改正に向けた与党での協議が始まった。当時の与党は、自民党、公明党それに保守新党（のちに自民党に合流）だった。2003年5月12日「与党教育基本法に関する協議会」が第1回の会合を開く。この協議会の下に「与党教育基本法に関する検討会」が設置された。検討会の座長は元文部大臣の保利耕輔氏。じっくりと時間をかけて議論するやり方は

「保利ゼミ」と呼ばれた。２００４年６月には「中間報告」をまとめたが、自民党と公明党の間の調整には時間がかかった。

ストッパーとしての公明党

教育を政治によって支配できるようにし、国家主義の方向へ変えていこうとする動きに対し、公明党は与党協議の場を通じてある程度ストッパーの役割を果たした。その苦心の跡は今の条文にも残っている。

たとえば改正後の第２条は、まったく新たに設けられた「教育の目標」に関する規定で、１号から５号まで「目標」が列挙されており、その第５号には「国を愛する態度を養うこと」という内容が含まれているのだが、同条の柱書きの部分には「学問の自由を尊重しつつ」という言葉が入っている。この言葉は公明党の意見によって盛り込まれたのだが、これについて同党の山下栄一参議院議員（当時）は、ご自分のホームページで次のように解説していた。

「教育の目標を達成するために踏まえるべき大前提は、教育の自主性を志向する『学問の自由』である。『国を愛する態度を養う』という目標も、『学問の自由』『教育の自主性』を踏まえることが前提」

また、教育行政に関する旧法第10条は、大幅に書き換えられて改正後の第16条になっているが、教育について「不当な支配に服することなく（行われるべき）」という言葉はそのまま残った。しかし、「国民全体に対し直接に責任を負つて（行われるべき）」という言葉は削除されてしまった。この言葉は教育への政治の介入を拒否する意味を持つため、自民党にとっては最も目障りな言葉だったのだ。改正法では、この言葉に代えて「この法律及び他の法律の定めるところにより（行われるべき）」という言葉を挿入した。法律の根拠さえあれば政治が教育に無制限に介入できるように読める。

しかし、この条文についても、山下氏は教育の自主性を踏まえた読み方が必要だと解説している。

「『不当な支配に服することなく』とは『教育の自主性』『教育の政治的中立性』という教育行政がふまえるべき大原則を継承」「『法律に定めるところにより』とは、単に手続き的な面で法律を根拠にして教育行政を行えばよいというものではない。法律の手続き的合法性のみならず、内容的正当性をもってはじめて法律による行政が成り立つものである。教育行政が恣意的に行われたり、権力的に実施されたりすることを避けようという趣旨。従って、教育行政が従うべき法律は、教育を受ける側や教育を行う側にとって、権利や権限を不当に侵すようなものであってはならないし、不当な内容のものであってもならない。教育という営みが、自由な人間の精神活動に関するものである限り、本質的に法律になじみにくい部分がある。従ってすべての教育事項を法律で規律できるとか規律すべきとする、法律万能・法律絶対の考え方は誤りである。教育行政の法律主義には、このような意味で自ずから制約があることを留意すべきである」

ただ、この新16条の読み方について、小坂文部科学大臣（当時）は国会の答弁で、「国会において制定される法律に定めるところにより行われる教育が不当な支配に服するものではないことを明確にした」と答弁している（2006年5月26日衆議院教育基本法特別委員会）。山下氏が示した謙抑《けんよく》的な姿勢は、この答弁の中には見られない。

山下栄一氏は2016年に亡くなったと聞いている。とても残念だ。「あの先生は理屈っぽくて、なかなか了解してくれない」と苦手に思う文科省の同僚は多かったが、私は山下氏と話が合うことが多かった。あくまでも憲法に則して考えるという姿勢が私と共通していたからだろう。常に人権や平和という課題に真摯に向き合う方だった。改正教育基本法については、そこに記された一つひとつの文言の意味を証言することができる極めて貴重な存在だった。ご冥福を祈りたい。

改正教育基本法の成立

自民党と公明党との調整に時間を要している時期に、中曽根氏は改正法案の早期提出を促す動きをしている。

「今年（二〇〇四年）三月初め、私は森喜朗前首相、中川秀直国会対策委員長、安倍晋三幹事長の三氏と会食した際に、『教育基本法改正案はいまの国会に出すはずではなかったのか。約束どおりやりなさい。通るか通らないかはその後の勝負だ』と申し

上げました。（中略）小泉内閣にはその責任があるはずです」（『日本の総理学』中曽根康弘／PHP新書／２００４年）

与党協議会が「教育基本法に盛り込むべき項目と内容について（最終報告）」を了承、公表したのは、その設置からおよそ3年後の２００６年4月13日だった。同報告は法案要綱の形式をとっており、ほぼそのまま改正案となったが、その形式は「全部改正」だった。法律を丸ごと作り替えるということだ。この教育基本法改正法案は２００６年4月28日、小泉内閣により第１６４回通常国会に提出されたが、継続審議となった。その年の9月、小泉氏の後継者として安倍晋三氏が自民党総裁・内閣総理大臣に就任した。この第1次安倍政権の下、第１６５回臨時国会において改正教育基本法は成立した。

教育基本法改正の実務を担ったのは生涯学習局だった。生涯学習局は中教審の事務局として２００３年の答申をまとめ、さらに与党協議の実質的な事務局として与党案の作成作業に携わった。初等中等教育局にいた私はその議論に直接関わることはなかった。しかし、２００６年の臨時国会で、安倍内閣の下、改正法案が審議されることになったとき、私は国会対策担当の大臣官房総務課長になっていた。総務課長として各方面に法案の説明をしなければならず、法案の早期成立に向けての根回しなどを行った。成立してほしくないものを成立させるための仕事をするのは決して楽しいことではなかった。総務課長の仕事の一つに、国会での大臣の答弁を前日にチェックする仕事がある。国会での答弁は成立後の法律の運用のよりどころとなる。私は答弁チェック作業を通じて、できるだけ憲法に即した考え方を示すよう注文をつけたが、多くは跳ね返された。

私は個人として教育基本法の改正には反対だった。「国を愛する態度」を教育の目標に掲げることは個人の内心の自由を侵すものだと考えた。心と態度は表裏の関係にあるのだから、「態度を養う」と書けば心には影響がないなどとは言えない。「国を愛さない」内心の自由は保障されなければならない。教育行政条項は、法律に根拠を設けさえすれば学校教育のみならず、家庭教育も含めた教育への政治介入がやりたい放題になる危険があると思った。新10条の家庭教育条項は「父母その他の保護者」の子の教育への「第一義的責任」とし、生活習慣を身に付けさせることなどに「努めるものとする」として、保護者に義務を課す規定ぶりになっている。この条項を手掛かりにして、家庭教育に国が介入する（たとえば法的拘束力のある「家庭教育要領」の制定）危険性も否定できない。

そして何より、１９４７年３月に制定された教育基本法の前文がすべて書き換えられてしまったことに無念の思いを抱いた。もとの前文はこう始まっていた。

「われらは、さきに、日本国憲法を確定し、民主的で文化的な国家を建設して、世界の平和と人類の福祉に貢献しようとする決意を示した。この理想の実現は、根本において教育の力にまつべきものである」

ここでは、１９４６年11月３日に公布され、１９４７年５月３日に施行された日本国憲法の理想を新しい教育によって実現しようとする明確な意志が示されている。「制定し」ではなく「確定し」という表現が使われたのは、教育基本法制定の時点でまだ憲法が施行されていなかったからである。改正後の前文にも「日本国憲法」への言及はあるが、それは「われらがさきに確定した」憲法とは特定されない。つまり、１９４７年憲法との関係が断ち切られたのである。

道徳の「教科化」

2018年4月から小学校で「道徳科」が本格実施

2006年の教育基本法改正を境に、「国家に立脚する教育改革」の方向性が強まっていった。特に第2次安倍政権において国家主義への急傾斜が始まる。領土教育の強化や政府見解を書かせる教科書検定などがその表れであるが、最も象徴的なのは道徳の教科化である。

2000年12月、教育改革国民会議は森喜朗首相に提出した報告の中で、教育基本法の改正などとともに、小学校に「道徳」、中学校に「人間科」などの教科を設けることを提言した。2007年1月、第1次安倍内閣で設けられた教育再生会議が安倍晋三首相に提出した第1次報告書でも「徳育（道徳教育）」の教科化が提言された。さらに、第2次安倍内閣の下、２０１３年2月、教育再生実行会議は第1次提言で「道徳を新たな枠組みによって教科化する」ことを提言した。

下村博文文部科学大臣（当時）の下、文科省は「道徳教育の充実に関する懇談会」を設置し、同年12月に報告を得た。さらに２０１４年2月には中央教育審議会に諮問し、同年12月に「道徳に係る教育課程の改善等について」の答申を得た。２０１５年3月に学習指導要領の改訂を行い、道徳を「特別の教科」と位置づけ、略して「道徳科」と呼ぶこととした。こうして道徳は「教科化」されたのである。ただこの「教科化」は、国語科や社会科などと同じ「教科」にしたということではない。従来の領域としての道徳との最も大きな相違点は、検定済み教科書の使用が義務づけられたことだ。その点は他の教科と共通だが、数値による評価を行わないことと専門の教員免許状を設けないという違いが存在する。

道徳の教科化に先行して、下村文科大臣の指示の下、文部科学省は２０１４年に「私たちの道徳」と題する教材を作成し全国に配布した。これは一種の国定道徳教科書とも言えるものであった。小学校の道徳の教科書については2016年度に検定が行われ、それを使った道徳科の授業が2018年4月から実施されている。中学校での実施は2019年度からである。これら民間発行の検定教科書の多くが、「私たちの道徳」にならった素材や構成を採用している。

立憲主義の下、国が教育課程の基準として設定できる道徳的価値は、憲法が立脚する「個人の尊厳」という根本的な価値及びその上に立てられた「基本的人権の尊重」「平和主義」「国民主権」という原則に則ったものでなければならない。「個人の尊厳を重んじ」「日本国憲法の精神に則り」という言葉は、2006年改正後の教育基本法にも残っている。ところが、学習指導要領が設定した道徳的価値の中には「自由」「平等」「平和」など憲法的価値と一致するものもあるが、その扱いは極めて小さい。一方、「家族」「学校」「郷土」「国」という集団への帰属意識や、「節度」「礼儀」「規則」「公共の精神」など集団を束ねるための規範は、これでもかというほど並べられている。これらの多くは憲法からは導き出せない価値であり、さらには「父母・祖父母への敬愛」「国を愛する心」など、個人の尊厳という憲法的価値に違背する疑いのあるものも含まれている。人間の内面的価値への限度を超えた国家的介入であると考えざるを得ない。

「集団への帰属」の中で最も強調されているのは「国」である。そして「国」を超える集団への帰属意識は出てこない。「集団や社会」の中で「世界の中の日本人としての自覚を持ち、他国を尊重し、国際的視野に立って、世界の平和と人類の発展に寄与すること」（中学校）との記述はある。しかし、あくまでも帰属対象は日本という国であって、「世界」「人類」「地球」への帰属という視点は示されていないのである。「個人の尊厳」と「地球市民」の視点が欠けている。私はこれを「個と地球の欠如」と呼んでいる。

安倍内閣が教育勅語の「復権」を閣議決定

学習指導要領（小学校）では、国への帰属に関して「我が国や郷土の伝統と文化を大切にし、先人の努力を知り、国や郷土を愛する心を持つこと」「他国の人々や文化について理解し、日本人としての自覚を持って国際親善に努めること」と記述されている。その核心は「国を愛する」「日本人としての自覚を持つ」ということである。「家族」については、「父母、祖父母を敬愛し、家族の幸せを求めて、進んで役に立つことをすること」と記述され、直系尊属を敬うという縦の血統を重視する姿勢が示されている。「生命の尊さ」という徳目の中においても「祖先から祖父母、父母、そして自分、さらに、自分から子供、孫へと受けつがれていく生命のつながり」に言及している。

こうした「先人」や「祖先」を重んじ、「国」と「家」を貫く縦の血統を重んじる姿勢は、教育勅語の復権とつながっている。第2次安倍内閣の閣僚からは、教育勅語に対する肯定的な発言が相次いでいる。２０１４年4月8日、当時の下村文科大臣は記者会見において「教育勅語そのものの中身はしごくまっとうなことが書かれている」と発言した。同日の参議院文教科学委員会においては、教育勅語を学校で活用できるかとの質問に対し、教育勅語の内容については「今日でも通用する普遍的なものがある」として「この点に着目して学校で教材として使う、教育勅語そのものではなく、その中の中身、それは差し支えないことだと思う」と答弁した。これは、従来の文科省の慎重な姿勢を一転させる答弁だった。

教育勅語では、國體思想（筆者注：現代では通用しない思想なので、あえて現代では通用しない文字で表記する）のもとに、「父母ニ孝ニ」「兄弟ニ友ニ」「夫婦相和シ」「朋友相信シ」「國憲ヲ重シ」「國法ニ遵ヒ」などの徳目が列挙される。下村大臣が「まっとう」「普遍的」などと評価したのはこうした徳目のことであろう。しかし、それらの徳目はその根底に神話的國體観や家族国家観という憲法に違背する特殊な観念を持っているのであり、決して普遍的なものではない。

２０１７年には、森友学園が経営する幼稚園で園児たちに教育勅語を暗唱させていたことが社会問題になったが、稲田朋美防衛大臣は参議院予算委員会で教育勅語に対する認識を訊かれ、「教育勅語の日本が道義国家を目指すべきだという精神は取り戻すべきだ」「教育勅語が全く誤っているというのは違うと思う」などと答弁した。

教育勅語を教材に用いることについて問う質問主意書に対し、同年3月31日安倍内閣は「憲法や教育基本法などに反しないような形で教育に関する勅語を教材として用いることまでは否定されることではない」とする答弁書を閣議決定した。しかし、教育勅語は1948年に国会で憲法・教育基本法と相容れないものとして排除・失効確認が決議されているのであるから、「憲法・教育基本法に反しないような形」で用いる余地はないと考えるべきである。この閣議決定は、教育勅語の憲法・教育基本法に反しない使い方があるとする点で、国会決議を覆すものであり、教育勅語との関係において憲法解釈を変更する意味を持っているといえよう。

この閣議決定に関し、菅義偉官房長官は記者会見で、教育勅語を「教育の唯一の根本とする指導は極めて不適切だが、『親を大切に』など普遍的なことまで否定すべきではない」と発言した。教育勅語に列挙される徳目は、憲法と相容れない國體観念に基づくものであるから、「教育勅語に書いてある親孝行は大事だ」と教えることは憲法の精神に反する。そのような形で教育勅語を道徳教育に使うことはできないと考えなければならない。

「特別の教科　道徳」の徳目には、教育勅語との共通点が多く見られる。歴史と伝統を共有する共同体として国家を捉える点、個人の独立性よりも国家への帰属を重視する点、自由よりも自己抑制を重んじる点、国家・社会の形成者として社会規範をつくるのではなく、既存の法律や規則に従うことを重視する点、家族を国家・社会の一単位と捉え父母・祖父母を敬うことを求める点などである。ここに「天皇への敬愛」を加えれば、ますます教育勅語に近くなるだろう。

『私たちの道徳（小学校5・6年）』の中の一節、「郷土や国を愛する心を」にはこう書かれている。「この国を背負って立つのはわたしたち。わたしの住むふるさとには、わが国の伝統や文化が脈々と受けつがれている。それらを守り育てる使命がわたしたちにはある」。ここでは「わたし」と「国」との関係は、個人の尊厳に立脚する憲法原則とは正反対のものになっている。個人以前に国家を設定し、国家のための「使命」を個人に負わせるこの論理は、教育勅語の「一旦緩急アレハ義勇公ニ奉シ以テ天壌無窮ノ皇運ヲ扶翼スヘシ（万一危急の大事が起こったら、大義に基づいて勇気を奮い一身を捧げて皇室国家の為に尽くせ）」まで容易に進んでしまう危険性をはらんでいる。

文部科学省は、教育基本法や学習指導要領が「愛する」対象としている「国」は

「統治機構」のことではなく、「伝統と文化をはぐくんだ国」を指すと説明している。しかし、先に見た中曽根元首相の「自然国家」論では、歴史的伝統的共同体である国家と、統治機構である国家とは一致しており、「伝統」の中には天皇制が含まれている。まさにそれが日本という国の國體なのである。

「考え、議論する道徳」を実現するために

前述したように、「特別の教科 道徳」は国家に立脚する教育改革の色彩を色濃く持つものなのだが、一方で文部科学省は、道徳教育を学習者である子どもの主体性を重視する方向に転換する姿勢を示している。

文部科学省が２０１７年６月に公表した学習指導要領解説道徳編（「解説」）では、２０１４年10月の中央教育審議会答申の趣旨に沿って、次のように述べられている。「道徳科の授業では、特定の価値観を児童に押し付けたり、主体性を持たず言われるままに行動するよう指導したりすることは、道徳教育が目指す方向の対極にあるもの

と言わなければならない。多様な価値観の、時に対立がある場合を含めて、自立した個人として、また、国家・社会の形成者としてよりよく生きるために道徳的価値に向き合い、いかに生きるべきかを自ら考え続ける姿勢こそ道徳教育が求めるものである。（中略）答えが一つではない道徳的な課題を一人一人の児童が自分自身の問題と捉え、向き合う『考える道徳』、『議論する道徳』へと転換を図るものである」

文部科学省は道徳教育における「アクティブ・ラーニング」の重要性も強調している。文部科学省によれば、アクティブ・ラーニングとは「主体的、対話的で深い学び」のための授業改善の視点だとされる。つまり、学習主体である子どもたちが、他者や外界との関わり合いの中で自ら進んで学び、問題の本質をつかみ、その解決に向けて考え行動できるようになるための「学び方」がアクティブ・ラーニングである。「考え、議論する道徳」には、そういう学び方が必要だというのだ。

指導方法の工夫について、「解説」には「問題解決的な学習」や「体験的な学習」を例示するとともに、「児童が多様な価値観の存在を前提にして、他者と対話したり協働したりしながら、物事を多面的・多角的に考えることが求められる」とある。さらに、「二つの概念が互いに矛盾、対立しているという二項対立の物事を取り扱う」「迷いや葛藤を大切にした展開」「批判的な見方を含めた展開」などに関する工夫を要求。さらに、「価値観を一方的に教え込んだり（中略）した授業展開とならないようにする」ことを求めている。具体的な学習方法としては「教師と児童、児童相互の話し合い」「ペアや少人数グループなどでの学習」「自分の気持ちや考えを発表すること」「時間を確保してじっくりと自己を見つめて書くこと」などに加え、「教材に登場する人物等の言動を即興的に演技して考える役割演技など疑似体験的な表現活動を取り入れた学習も考えられる」とも述べている。

また、教材については、「日常から多様なメディアや書籍、身近な出来事などに強い関心をもつとともに、柔軟な発想をもち、教材を広く求める姿勢が大切」とし、「主たる教材として教科用図書を使用しなければならない」としつつも、「各地域に根ざした地域教材」や「古典、随想、民話、詩歌などの読み物、映像ソフト、映像メディアなどの情報通信ネットワークを利用した教材、実話、写真、劇、漫画、紙芝居などの多彩な形式の教材など、多様なものが考えられる」と述べている。

このように、文部科学省は「考え、議論する道徳」のために指導方法や教材の開発・利用でさまざまな工夫をするよう促しているのである。

特に、文部科学省が「解説」において、学習指導要領に列記される「内容項目」（道徳的価値＝徳目）については「特定の道徳的価値を絶対的なものとして指導（中略）することのないように配慮することが大切」とし、それらの項目は「教師と児童が人間としてのよりよい生き方を求め、共に考え、共に語り合い、その実行に努めるための共通の課題」であり、「児童自らが道徳性を養うための手掛かりとなるもの」（傍点は筆者）だとしていることは注目すべきである。これらの文言は徳目の教え込みにならないよう釘を刺しているのだ。

このような「考え、議論する道徳」を、検定教科書を使って行うにはどうしたらよいか。

一つの方法は「中断読み」である。読み物資料を最後まで読まず、登場人物の心の揺れの中から道徳的価値の葛藤を見いだし、児童生徒が自らその解決策を考え、議論するのだ。答えは一つではない。物語の結末が示すものは、あらゆる選択肢の一つにすぎない。

文部科学省が「解説」を通じて求めている「考え、議論する道徳」とは、「個人に立脚する教育」を道徳教育においても貫こうとするものだと言えよう。「特別の教科道徳」の学習指導要領における記述や検定教科書の内容が「国家に立脚する教育」を指向していることとの相反関係は明らかであり、いわば木に竹を接ぐような形になってしまっている。政治的な圧力に対して「面従」しつつ、教育の本質を失うまいと「腹背」する文部科学省の姿をここに感じ取ってほしい。「個人」と「国家」の相剋という「臨教審のパラドックス」は、30年の時を経て道徳教育の教科書と実践の相剋として現出しているのである。

第4章

特別座談会

加計学園問題の全貌を激白

寺脇 研（京都造形芸術大学教授）
×
前川喜平（前文部科学事務次官）
×
倉重篤郎（毎日新聞専門編集委員）

総理の意向は存在した

倉重篤郎（以下・倉重） 前川さんは加計学園の獣医学部認可について、これは「行政の私物化である」と声を上げられた。政権内部にいた立場からの告発は大きな波紋を呼びましたね。

寺脇 研（以下・寺脇） 2017年5月、朝日新聞が一面トップで「新学部『総理の意向』 文科省に記録文書 内閣府、早期対応求める」と報じた1週間後、前川さんが記者会見を行い、その場で「あったことをなかったことにはできない」と発言したことで、この問題が一気にクローズアップされた。

前川喜平（以下・前川） 国民に対する説明責任を果たすべきではないか、そう思ったのです。加計学園の獣医学部に関し、内閣府が文部科学省に対し、平成30（2018）年4月の開設を大前提に最短のスケジュールをつくるよう言い始めたのが2016年の秋です。まず、9月9日に私が和泉洋人内閣総理大臣補佐官に呼ばれて、とにかく早く進めるようにと言われた。その際、「総理は自分の口から言えないから私が代わって言う」というお話がありました。これは私の記憶の中だけにあるものですが、鮮明に覚えています。

10月に入ると、「30年4月開設」の方針を繰り返し言ってくるようになります。どうしてそんなに急ぐ必要があるのだろうと、本当にこのまま進めていいものだろうかと、松野博一文科相も不安を感じ、専門教育課長が内閣府に確認に行ったところ、藤原豊審議官から、30年4月は動かせない、これは総理のご意向と聞いていると言われたと。これは文書に記録されています。ところが、その文書の所在について、「探したけれどない」「確認できない」では、国民に対する説明責任が果たされていないという思いがあったのです。

倉重 一連の文書については、松野文科相が、再調査の結果、同一内容のものが見つかったと公表、その存在を認めました。安倍晋三首相がこの問題にどう関わっているのかは、のちに詳しく議論するとして、まずは一連の問題の経緯について振り返っていきましょう。加計学園が初めて獣医学部の新設を申請したのが、２００７年のことですね。

前川　そうです。加計学園は２００７年から15回にわたり構造改革特区の提案を出していましたが、すべて跳ねられてきたのです。

倉重　15回も提案し続けるほど、加計学園が獣医学部新設に執着したわけは何だったのでしょうか。

前川　これは想像でしかありませんが、獣医学部が必ず儲《もう》かるからだと思います。それはなぜかというと、規制があるからです。規制が撤廃されれば、ほかの参入者が出てきますので、競争が激化します。獣医学部は新規規制がかかったままですので、そこに1校だけ参入すれば必ず学生が入るので必ず儲かる。これはもう特権の付与と言わざるを得ないですね。

寺脇　加計学園が新設する獣医学部の定員は１４０人と聞きましたが、獣医学系の学部・学科は全国に16あり、その定員をすべて合わせても９３０人なんですよ。

国立大学の定員が30人から40人なので、約4校分に値する。設定そのものがおかしいですよね。定員を増やして利益率を高くしようという、そうした意図がどうしても透けて見えてしまう。

倉重 獣医学部というのは、そんなに儲かるものなのですか。

前川 授業料が年間300万円程度。卒業まで6年間かかりますから、入学金その他を含めて1人当たり2000万円ほどになる。これだけの額を、学校側は確実な収入として見込めることができるのです。

倉重 なるほど、加計学園が、どうしても獣医学部をつくりたかった理由がそこにあるわけですね。そこで加計学園理事長、加計孝太郎氏が親友である安倍総理に獣医学部新設に関するお願いをしたということでしょうか。

前川 あくまでも想像ですが、状況から見て十分ありうることだと思います。加計さんがお願いし、安倍総理がそれを了承した。そして安倍総理の指示なのか、示唆なのか、それは分かりませんが、何らかの形で自分の意思を周辺に伝えていたのではないでしょうか。獣医学部新設に関し、周りの人間が勝手に総理の意向を慮《おもんぱか》って、忖度《そんたく》したとは、どうしても考えられません。

〈筆者注：2018年4月10日に愛媛県の中村時広知事がその存在を認めた「備忘録」及び5月21日に愛媛県が参議院に提出した記録文書によれば、安倍首相と加計理事長は2015年2月25日に面談、同年3月頃にも会食し、獣医学部新設について話し合ったこと、2月25日の面談を受けて柳瀬唯夫《ただお》首相秘書官〈当時〉が加計学園に資料提出を求めたことなどが明らかになっており、私の想像が裏づけられた〉

国家戦略特区という抜け道

倉重　加計学園が獣医学部新設の申請を通すための策として注目されたのが、第2次安倍政権の下で誕生した、国家戦略特別区域（国家戦略特区）という新しい枠組みですね。

前川　そうです。それまで加計学園は構造改革特別区域（構造改革特区）で提案していました。構造改革特区は地域限定で規制緩和を行い、それが成功すれば全国化するという制度です。一方、国家戦略特区は、言葉通り国家戦略として国が特別に規制緩和し、他の地域ではできないことをやらせる制度です。構造改革特区は地域限定の実験なので、小中学校や高校クラスであれば可能ですが、大学獣医学部のように学生も教師も全国にまたがるような構想には適していません。加計学園が15回も跳ねられたのは、そういう理由からです。

倉重 国家戦略特区は、国際競争力の強化、国際拠点形成という制度の目的にかなうことが認められれば認可される公算が強い。当時、千葉県成田市で国際医療福祉大学の医学部が、国家戦略特区における規制緩和を受け、新設する計画で動いていましたので、加計学園もそれに続こうとしたのだと思います。

国際医療福祉大学の医学部は2017年4月に開校していますね。

前川 はい。ただ、この医学部には加計学園との明確な違いが2つあります。まず1つ目は、国際医療福祉大学の高木邦格《くにのり》理事長は政界に幅広い交友、人脈を持っている方だということ。安倍総理のお友達だから、という加計学園のようなあからさまな行政の私物化には見えなかった。一方で加計さん（孝太郎理事長）が頼りにするのは安倍総理しかいなかったため、その関係がよりクローズアップされることになってしまったのです。

もう1つは、人材需要についての所管官庁のデータ協力の差です。国際医療福祉大学は医師免許管轄の厚生労働省が新たに国際医療人材を必要としているという人材需要を示しました。そのニーズに対応する医学部であれば認められると、文科省も認可に踏み切れたのです。しかし、獣医師免許を管轄する農林水産省は、そうした類いのものを示さなかった。農水省は獣医師会と官邸との間で板挟みになるのを避けたわけです。人材需要の見通しも立たず、それに関し責任を持つ役所が存在しない。それじゃあ文科省も動けません。

寺脇　獣医師の需給については、文科省は管理する立場にない。それは農水省がきちんとやるべきなんです。それなのにはっきりとした判断を示さずに逃げ回っていたため、文科省は判断できませんと主張していたわけですよね。

前川　もし農水省が、将来的にはたとえば年間100人規模で獣医師を増やす必要があるというのなら、その考えに基づき定員を増やすことができます。その場合、既存の大学の定員を拡大する方法もあれば、新たな獣医学部の新設を認める方法もある。しかし現実には、農水省は何も発言していない。むしろ、「獣医師は将来的にも足りています。ただ、我々の立場では、獣医学部を増やすなとは言えません」と言っていたんです。これは完全な逃げですよね。そもそも農水省がきちんと責任を持って参加してくれなければ、獣医学新設に関する議論が成り立ちません。

総理官邸訪問で何があったか⁉

倉重　加計学園獣医学部認可の大きな転換点になったのが、2015年4月2日、加計学園、今治《いまばり》市、それから愛媛県の三者が首相官邸を訪問したこと、前川さんはそう推論されているわけですね。

前川 はい。会合が行われたことは、私は後で知りましたが、官邸側は柳瀬唯夫首相秘書官（経産省出向、2017年7月から経済産業審議官）が対応したと聞いています。本人はこの会合について、のちに国会で「記憶にございません」と答弁していますが、私はこの会合は国家戦略特区で申請するための方策について関係者が話し合ったキックオフ会合だと思っています。安倍首相が2017年7月の国会答弁で、この年の1月まで加計学園が国家戦略特区で獣医学部新設を計画していることは知らなかったと答弁しましたが、これはウソだと思います。首相秘書官である柳瀬氏が自身の判断で、そのような会合を行うとは考えられません。あくまでも首相の名代で出席し、もちろん安倍氏には事後報告もしているはずです。

倉重 加計学園問題に知恵を出してきた人たちがこの場に揃ったわけですね。国家戦略特区を使うお膳立てをしたのが、和泉洋人首相補佐官ではないかと前川さんは踏んでいる。

前川 そうです。和泉さんは首相補佐官になる前は、内閣官房参与、地域活性化統合事務局長を務めていました。特区制度を隅から隅まで、本当にご存知の方ですので、国家戦略特区で獣医学部をつくれるよう助言をされたと考えてもおかしくはありません。

倉重 この会合が行われた2カ月後の2015年6月、今治市は国家戦略特区の申請をしています。しかし、そこからすんなり事が進むわけではなかった。

前川 その時点ではまだ、獣医学部申請に対し、閣内で推進派と反対派の綱引きがされていました。推進派は安倍首相と下村氏（博文・文科相）で、反対派には麻生氏（太郎・副総理兼財務相）がいた。そのどちらでもなく、慎重派として存在していたのが特区担当大臣である石破氏（茂・地方創生担当相兼国家戦略特区担当）でした。閣内での勢力が均衡していたため、その妥協策として認可の前提となる4条件が策定されたのではないかと思います。

倉重 いわゆる、「石破4条件（①既存の獣医師養成でない構想が具体化②新たな分野のニーズがある③既存の大学では対応困難④獣医師の需給バランスに悪影響を与えない）と呼ばれるものですね。

前川 はい。2015年6月30日に閣議決定された「『日本再興戦略』改訂2015」に、「獣医師養成系大学・学部の新設に関する検討」という文言が新たに盛り込まれ、それと同時に、石破4条件も閣議決定されました。つまり、獣医学部の新設に向けて門戸は開いたものの、同時にクリアしなければいけない4つの高いハードルを設けたということです。

倉重 しかし、推進派はこれをクリアできると考えていたわけですね。

前川 その一方で、反対派はこのハードルがあれば、獣医学部の新設は阻止できると思っていたのでしょう。

寺脇 推進派、反対派ともに、ここで一番考えなければいけないのは、新しく獣医学部ができたからといって、それが本当に国民のためになるかということですよ。実際、獣医師の世界は過当競争が始まるのではないかと懸念されています。もしそうなれば、医療の質は低下しかねない。それなのに、国家戦略特区諮問会議の民間議員の中には、加計学園の獣医学部新設に対し、「岩盤規制改革の実現だ」と主張する人がいる。私に言わせれば、これはとても無責任な発言です。

倉重 確かに、国家戦略特区諮問会議のワーキンググループの民間議員たちは一点の曇りもない審査をしたと言っています。

前川 いや、それは正当な審査とは言えないと思います。ワーキンググループに設置審（大学設置・学校法人審議会）の専門委員会のようなものを置き、加計学園の獣医学部構想に対し獣医学会推薦の有識者や専門家に評価してもらうこともできたはずです。民間議員の審査は、結局は素人が説明し、素人が判断したに過ぎません。

内閣改造を受け、事態が動き出す

倉重　加計学園は２０１５年６月に獣医学部新設の申請を出しましたが、それから１年以上、何の進展もありませんでした。それは石破氏という関所があったからでしょうか。

前川　おそらくそうだと思います。石破氏が特区担当大臣でいる間は、何の動きもありませんでした。それが動き出したのが、２０１６年８月です。

倉重　それはつまり、内閣改造があり、担当相が石破氏から山本幸三氏に交替したことがきっかけですね。

前川　確かその年の8月26日だったと思いますが、木曽功内閣官房参与が私を訪ねて文科省事務次官室にいらっしゃいました。木曽さんは文科省ＯＢで、内閣官房参与であると同時に、加計学園理事、その系列である千葉科学大学学長を務められていた方です。その木曽さんが、今治市が申請している加計学園の獣医学部の話を早く進めてくれ、トップダウンで決めればいいんだと言うわけです。木曽さんは農水省が人材需要を示さないため、OKを出せないという文科省の立場を理解されていて、ならばその方式はあきらめて「民泊特区方式」を使ったらどうかと提案してきたのです。民泊特区方式では、関係者が需要予測を積み上げるようなことはせず、国家戦略特区諮問会議がいきなり特例を認めました。この方式を採用すれば、文科省が責任を負う必要がないと。

実は、木曽さんの来訪以前から、獣医学部新設に関する話はなんとなく耳にしていました。2015年1月の教育再生実行会議の場で、この会議の委員だった加戸（守行）さんが、今治市に獣医学部をつくって欲しいという話を2回されていた。しかも、議論の文脈から外れたところで非常に唐突に発言されたので、ちょっと驚きましたし、加戸さん、よほど獣医学部をつくりたいんだなと思いました。そんなことがあったので、今治市が獣医学部新設を考えているということは知っていたのですが、先の木曽さんの発言で、そこに誰かの強い意向が働いていることをはっきりと認識しました。

寺脇　実は私、前川さんが木曽さんの来訪を受けた、その同じ頃、ある会合で木曽さんに会ったんですよ。その時、木曽さん、今自分は大変なことを抱えている、というような話を何度もされていた。木曽さんが加計学園の理事をされているなんて知らなかったし、そもそも加計学園が千葉科学大学を運営していることも知らなかった。あとで聞いたら、その頃、千葉科学大学が経営的な危機に瀕していたらしい。木曽さんが言っていた、大変なことというのは、どうやらそのことだったんですね。

そのときは、どうして木曽さんが加計学園の理事をされているのか不思議だったんですが、あとで加計学園の理事長が安倍総理の友人だと聞いて、なるほどそういうことかと思ったわけです。それまで千葉科学大学の学長は文科省以外の人が務めていたけど、文科省ＯＢで、しかも、当時、内閣参与の木曽さんをそこに据えたのは、加計学園の獣医学部をつくるための布石だったんだなと。

前川　前川さんは木曽さんとは長い付き合いですよね。

倉重　そうですね。私は1989年から1992年まで、パリのユネスコ代表部書記官を務めていまして、ちょうど同じ頃、木曽さんがフランス大使館の一等書記官をされていたので、1年間ぐらいかな、パリで同じ時期を過ごしているんです。文科省からパリに赴任している仲間は少ないですから、一緒に食事をしたり、日本からの来客を迎えたり、そういうことはありました。

前川　木曽さんはユネスコ大使経験者ですか。

倉重　そうです。

前川　ユネスコ大使は、文科省の中ではどう位置づけられているんですか。

倉重　外務省の中では、それほど重要視されていないみたいですが、文科省にとっては大事な存在です。

前川　文科省から大使に就任されるケースはほかにもあるんでしょうか。

倉重　ありますよ。私の前の文部科学事務次官の山中（伸一）さんはブルガリア特命全権大使になって現地に赴任されました。

寺脇　でもそれって、論功行賞じゃないのかな。外交官にとっての大使という仕事は真剣勝負の場だと思いますよ。でも、外交官じゃない人間が行くのはちょっと違うような気がします。現地で大使閣下と呼ばれて、毎日絢爛《けんらん》たる宴会を開いて、もちろん給与もいいでしょうし。なんか明らかに論功行賞的に使われているとしか思えないんですよ。特に最近の安倍政権ではそれを強く感じます。経済ブレーンの元財務官僚である本田悦朗さんがスイス大使になったりね。内閣人事局制度自体がそうなっているわけじゃないですか。よくがんばったから、いいポジションにつけよう、みたいな。文科省だったら、教育の国家支配側の話をよくやってくれたなとか。

前川　確かにそれはあるかもしれませんね。ただ、今のユネスコ大使のポストは結構しんどいんですよ。特に中国、韓国との関係が難しい。中でも世界遺産関係、それも記憶遺産に関する問題ですね。たとえば南京事件関係資料というものがありますが、これは中国からの提案で、世界記憶遺産に登録されています。それに対して、今の安倍内閣は猛烈に抗議をしている。逆に日本がかなり苦労して登録にこぎつけた明治日本の産業革命遺産、これに対しては韓国が猛烈に抗議しています。こうして中韓といろいろともめているわけです。さらに今、韓国が従軍慰安婦関係の資料を世界記憶遺産に登録したいという動きもあったりしますから。

倉重　もちろん、中にはいい話もあるんですよ。たとえば朝鮮通信使の関連資料を日本と韓国の関係者が共同で申請し、世界記憶遺産に登録されました。ただ、どうも最近、中国や韓国とぎくしゃくするケースが多いですね。

面従腹背だけじゃできない仕事ですよね。

前川　実は木曽さんが私のところを訪ねてきたとき、加計学園の獣医学部新設の話と併せて、ユネスコ大使の打診もあったんです。「今度、前川さんをユネスコ大使に推薦しようと思うけど、どうかな」と。ユネスコが独立の在外公館になって最初の大使は元文部事務次官の佐藤禎一さんです。その次は外務省の人間が務めて、次が文部省の木曽さん。そのあとまた外務省の人間がやるというふうに、何か申し合わせがあったわけではないけれど、このポストは文部省と外務省が交替で務めるという、ゆるやかな共通理解が存在した。だから次は文科省の順番だろうと。そうすると前川かなという雰囲気がありました。

倉重 木曽さんは、ユネスコ大使の話をきっかけに話を切り出し、そのあとに実質的な用件に入ってきたわけですね。

前川 そうですね。ただ、獣医学部新設について、文科省がなぜ「うん」と言わないか、そのへんの理由を木曽さんは分かっておられたので、とにかくトップダウンでやればいいと主張されたわけです。

倉重 そのとき、加計孝太郎理事長についての説明はあったんですか。

前川 いいえ、木曽さんの訪問の趣旨をあとで担当課に確認したときに、加計理事長と安倍総理が友人同士だという話を聞き、そこで初めて知りました。

推進派と反対派の代理戦争

倉重 その後も木曽さんから連絡はあったんですか？

前川 お電話を2回ぐらいいただきましたが、今は検討中ですとしか答えられなかった。実際、松野大臣も態度を明らかにしていなかったので、文科省としてはゴーサインもストップサインも出せないという状況が続いていたわけです。当時、加計学園獣医学部新設に対して、獣医師会が猛反対していたのです。だから、最後は政治的な判断しかないだろうと松野大臣も萩生田光一官房副長官も思っていたようです。お二方がそういう見方をしていたという証拠が文書にも残っています。

倉重 そうした状況に白黒つけたのが、２０１６年10月23日に行われた衆議院福岡6区の補欠選挙ですね。鳩山邦夫衆議院議員の急死に伴う補選で、鳩山氏の次男・鳩山二郎氏と藏内《くらうち》勇夫獣医師会会長の長男・藏内謙氏が対決することになった。

前川　結果はダブルスコアで、鳩山二郎氏が圧勝。麻生氏が盟友である藏内氏側を応援し、鳩山氏側を官邸側が支援したので、麻生氏と安倍氏の代理戦争とも言えるでしょう。ここで獣医師会の政治力が試されたわけですが、結果は惨敗。これで政治的に勝負がついたという雰囲気が政府内に流れ、もう麻生氏に遠慮する必要はないということになった。推進派と呼ばれる中にも、この選挙結果で自身の立ち位置を決めようと考えていた人もいたようです。

倉重　もし結果が逆だったら、どうなったでしょうね。

前川　獣医師会が勢いづき、それを受けて麻生氏も閣内で発言を強めたと思います。そう簡単に認可まで進めなかったのではないでしょうか。

設置審の答申が適正か

倉重 10月23日の補選の結果を受けて、推進側は一気にアクセルを踏みました。11月には、国家戦略特区諮問会議が「広域的に獣医師系学部が存在しない地域に限り」獣医学部の新設を可能とする特例を決め、翌2017年1月4日、内閣府が今治市で2018年4月に獣医学部を開設可能な1校を募集、1月20日、事業者として加計学園を選定しました。いくつかの条件をつけて、事業者を加計学園にしぼりこんでいったわけですね。

それを受けて加計学園側は3月31日に文部科学省に設置認可を申請、文部科学省の大学設置審議会が認可すべきかどうか、審議を始めました。

ただ、その頃になると、森友学園ともども安倍首相のお友達に対する特権供与問題として、さまざまな疑惑が国会で指摘され、すんなりと認可できる、という状況ではなくなりました。しばし様子見という感じですね。それを動かしたのが、今度も選挙でした。10月22日の衆院解散総選挙で、安倍自民党が大勝したことを受けて、またコマが前に進みました。設置審が11月9日に設置認可を答申し、それを受けて林芳正文科相が14日、認可しました。前川さんはこの流れ、特に設置審の審議、答申、認可までの議論をどうご覧になりましたか。

前川　答申段階なら認可をしないという余地もありましたが、大臣が認可したということは、決定的に間違った行政が行われた、ということになり、汚点が残されたと言わざるを得ません。設置審というのは、最低基準に照らしあわせて認可できるかどうかを判断するところですが、私が見る限り、その最低基準すらクリアするのに四苦八苦した印象があります。まずは教授陣ですが、入学した学生が卒業するまでにぞろぞろ定年を迎えるような年齢構成になっているのです。資金計画にも甘さが感じられました。今治市から96億円の補助金が確定的に入るという前提になっていたりと、文科省の事務方が設置審の専門委員会を誘導したような気がします。

寺脇　計画では2018年4月に開校することになっていましたが、答申段階では、果たしてどんな学部になるのか、さっぱり伝わってこなかった。これじゃあ、受験先としてこの大学を選んでいいのかどうか、受験生には判断しようがない。「国際水準の学部」にしたって、なんの証拠もないわけですよ。普通に考えれば、設置審がそのまま認可するとは考えられません。

前川　そもそも、設置審に申請もしていない段階で、平成30（2018）年4月に開学すると決まっていた。これはどう考えてもおかしいですよね。安倍総理と松野文科相の共同告示で「平成30年4月開設」という条件を公にしたのは2017年1月4日ですが、その前の年の9月には、平成30年4月開設が大前提であり、これは「総理のご意向である」というお達しが内閣府の審議官からあり、その発言は文科省の文書に残っていたわけです。

倉重　設置審議会の答申から大臣認可まで要した期間はわずか5日。もっと時間をかけるべきだったのではないか、という声もありますね。

寺脇　それは当然ですよね。獣医学部の新設は53年ぶりになるわけですから、審議は慎重にすべきでした。短いスパンで作られる学部とはわけが違う。むしろ長い時間をかけて審議することこそが、本来のあるべき姿だと思います。

すべては加計ありきだった

前川　加計学園獣医学部新設が妥当かどうかを判断するため基準は2つありました。1つは、2015年6月に閣議決定された4条件を満たしているか。もう1つが、国家戦略特区法の目的にかなっているかという点です。今ならカリキュラムも施設もはっきりしているし、どういう教師が何を教えるのかも分かっているので、きちんと検証できます。しかし、国家戦略特区諮問会議で議論が行われた2016年の時点では、それらがまったく見えていなかった。今は具体的な姿になって明らかにされていますが、当時は紙にしか書いていなかったのです。文科相はそこを確認した上でなければ認可すべきではなかった。

結論から言えば、加計学園獣医学部は、国家戦略特区で特例が認められるような代物ではなかったと思います。本来認可すべきでなかったものを認可してしまったことの責任は重い。大学設置の認可権限というのは、国民の代表者が作った法律に基づいて、政府が国民から預かっている神聖なものです。決して私的に濫用されてはならないものなのです。それが加計学園のケースでは私的利益のために使われてしまった。

寺脇 今回の加計学園問題のように、金儲け第一主義者の人間が教育の分野で規制緩和を強く求めるのは、教育は学習者のためにあるなどとは考えず、経済効果だけを考えているからじゃないでしょうか。だから、誰のためにどんな学校を作るのかという、計画の中身が少しも見えてこない。

前川 学生不在なんですね。

倉重 前川さんは、今回の加計学園問題を行政の私物化ととらえていらっしゃる。

前川 行政本来のあるべき姿を違《たが》え、不公正と不公平が存在したと思っています。まず、不公正について。閣議決定した先の4条件、国家戦略特区法にある目的に照らしたきちんとした審査が行われていなかったことです。不公平というのは、実はもう一校、獣医学部新設のプランを出してきた大学があります。それが京都産業大学（京産大）です。こちらは京都大学のｉＰＳ細胞研究所とタイアップするという構想を持っていて、国家戦略特区法が求める国際的な競争力に関して言えば、むしろ京産大のほうがあったかもしれません。それなのに、実質的な審査はほとんど行われませんでした。それを「広域的に獣医師系養成大学等の存在しない地域に限る」「30年4月開学可能なものに限る」という加計学園側に有利な条件をつけ、極めて恣《し》意《い》的に京産大を排除した可能性があります。

倉重　その条件があるから、内閣府は「30年4月開設」という方針を強く推し進め、文科省にも圧力をかけてきたわけですね。

前川　そうです、すべて加計学園ありきだったのです。加計学園は、認可が下りるという確たる自信があったから、教員集め、施設整備も２０１７年１月20日（国家戦略特区諮問会議での加計学園申請）の正式決定を待たずに前倒しでスタートできた。２０１６年の10月には建設予定地のボーリング調査をするなど、自信を持ってフライングできたわけです。こうした状況を見ても、初めから加計学園の獣医学部を作れるようにしますよ、という何らかの約束が安倍総理と加計理事長の間にあったことが推測できます。

医学部にしても獣医学部にしても、きちんと教えられる人材は限られています。そうした中で、次々と新設を認めていけば、教育の質が低下し、先ほど寺脇さんがおっしゃったように医療の質も低下してしまいます。京産大が獣医学部の新設を断念したのは、平成30年４月に開校できないということが主な理由だと聞いていますが、それは必要な教員が集められないことが大きかったのだと思います。加計学園のほうは、今話したように、正式決定が下りるかなり前から教員確保や施設建設を始めていた。それを見ても、認可は既定路線だったと言わざるを得ません。

読売報道の真相

倉重　話はその少し前に戻りますが、2017年5月、読売新聞に「前川前次官　出会い系バー通い　文科省在職中、平日夜」という記事が掲載されます。その背景には何があったんでしょう。

前川　報道が出る前の年の9月か10月に杉田和博官房副長官に呼び出され、「そんなところに出入りするのは君の立場上よくない」と言われたので、「分かりました」と答えた。その時点ではそれだけでした。

倉重　どうしてそのタイミングで呼び出されたんでしょうね。

前川　それは今も分かりません。

寺脇　ただ注意したかっただけなんじゃないの（笑）。私が官房副長官でも言ったと思いますよ。

前川 そうですか（笑）。

倉重 寺脇さんから見たら、よろしくないでしょう。

寺脇 いや、よろしくないというか、やっていること自体が違法というわけじゃないけど、現職の事務次官がそういうところに通って、週刊誌がスクープしたら、まずいだろうという話ですよね。

倉重 なるほど、逆に言えば、前川さんのためを思って注意してくれたのかもしれませんね。

前川 私のためを思ったかどうかは分かりません（笑）。でも確かに、報道のされ方によっては、スキャンダルになりかねませんよね。ただ、その時点ではどうしてそんなことを知っているのか、ものすごく不思議に思ったわけです。次官になれば、みんなそうやって調べられるんだと言う人もいるし、いや、何か特別な理由があって調べられたんだと言う人もいるし、真意は分かりませんね。

倉重 いまだにネタ元は分からない？

前川　分かりません。

倉重　週刊誌とか？

前川　杉田さんは週刊誌の記者から聞いたと言っていました。でも、もしそうなら、どこかの週刊誌に載るだろうと思いましたが、それはなかった。取材を受けることもありませんでした。今では警察の情報網ではないかと思っていますが、当時は分からなかった。とにかく私の個人的な行動を杉田さんが知っていることが不思議で、あれは一体何だったんだろうと思いながら年を越して、また杉田さんから連絡を受けるわけです。

倉重　前川さんは文科省の就職斡旋《あっせん》問題で1月20日に次官職を引責辞任していますよね、連絡はその前ですか。

前川　いいえ、後です。2月頃、私の携帯電話に杉田さんから連絡があり、「週刊誌が例の記事を書こうとしているから注意しろ」と。その時も加計学園がらみとは思いませんでしたので、「そうですか、ありがとうございます」とお礼を言って電話を切りました。だけど、注意しようがないじゃないですか。書くならどうぞという気持ちでしたね。もう文科省は辞めているわけですから、政府にご迷惑をかけることにはならないだろうとも思いましたし。ただ、そのときも、週刊誌からのアプローチは特にありませんでした。

倉重 ところが5月の連休後に読売新聞から取材を受けることになった。

前川 はい。最初は5月19日でした。読売の記者が私に取材したいと言っていると、文科省の記者クラブ所属の知り合いの記者を通じてアプローチがありました。翌20日も同様の内容のメールが来て、さらに21日はもっと詳細なメールが送られてきました。設問の中には、「出会った女性と性交渉があったのか」というものもありましたが、返事もしませんでした。まさか読売がそういう記事を掲載するとは思っていませんでしたから。ところが、5月22日の紙面に出たわけです。これは非常にびっくりしましたけどね。

倉重 そうすると、2月に杉田さんからかかってきた電話は、その記事に関連すると見たほうがいいんですか？

前川　実は読売の記事が出る前日に、文科省の藤原誠初等中等教育局長（現官房長）を通して、和泉総理補佐官からもアプローチがありました。藤原教育局長からショートメールで、「和泉さんから話を聞きたいと言われたら、対応される意向はありますか？」と送られてきたのです。「ちょっと考えさせて」と返信しました。

倉重　前川さんはそこにどういう意図があったと考えますか。

前川　ちょうど私が加計学園関係の文科省内部文書について、メディアの取材を受け始めたときと重なります。今から考えれば、加計学園問題での発言に注意しろよ、これ以上しゃべると嫌なこと書かせるよという、和泉さんの警告だったのではないでしょうか。間に入った藤原局長は、和泉さんは関係ない、自分の判断でメッセージを送ったと言っていますけどね。結局、読売以外、どこも報じませんでした。正確に言えば「週刊文春」「週刊新潮」に記事は掲載されましたが、別にスキャンダルとして報じたわけじゃありませんし。

寺脇 でも、２０１６年の暮れぐらいから加計学園問題を取材するためマスコミは動いていたし、２０１７年の2月頃には、私のところにも何件か取材が入っていましたから。実は森友問題より、加計学園が本命だと言って取材している週刊誌や新聞の記者もいましたし、私もそれは、そうだと思っていました。

前川 私のところにも来ていましたよ。

寺脇 だから、官邸側はそういう動きを察知していたんでしょうね。

前川 おそらく。私が加計学園問題で取材を受けて、いろいろ話していることが伝わったんだと思います。

役人の自律性とは

倉重 読売と官邸が組んだと見られても仕方ない、寺脇さんはこの問題をどう思いますか？

寺脇　日本のマスコミ史上に残る不祥事なんじゃないですか。

前川　よくよく考えると、官邸はそれだけこの加計学園問題を明るみに出したくなかったということですよね。

倉重　確かに、そういうことになりますね。

前川　そう考えると、加計学園の獣医学部の認可は問題があるということの裏返しだということになりますね。冷静に考えれば、官邸が公器である新聞に個人のスキャンダルを書かせるなんて、これは相当無理な話ですよ。読売側も相当躊躇したんじゃないでしょうか。良心のあるジャーナリストなら、こんな記事は載せるべきじゃないと思うでしょうし。それをあえて載せさせたということは、官邸はよほど私が前面に出て発言したら都合が悪いことがあったんでしょうね。

倉重　読売に対して抗議はされたんですか。

前川　何も言っていません。私がその店に行ったこと、そこが売春の温床になっていたと書いてあるだけで、ウソを書いたとまでは言えませんから。中にはそういうことをしていた人もいたかもしれませんし。

寺脇 でも、よくよく考えたら、実はこれ、諸刃《もろは》の剣ですよ。もし本当に新聞で叩かれるほどのことをしていたとしたら、そんな人間をなぜ事務次官にしたのか。任命責任が問われてしかるべきじゃないですか。つまり、内閣人事局は、役人の身体検査がきちんとできていないということですよね。

前川 本当に書くとは思っていませんでしたので、記事が出たときは非常に驚きました。でも、逆に言うと記事が出たことで吹っ切れた面もあります。これでもう杉田副長官はじめ、官邸の面々にも義理立てする必要がなくなったし、官邸に対する忖度はしなくていいんだと。それまでは世話になった人たちに迷惑をかけたくないと思っていた。だから一部のメディアの取材要請に受動的に応じていましたが、この際、自分から出て行って話そうと思ったのです。それが2017年5月25日の記者会見につながっていきます。

寺脇　事務次官が官邸に反旗を翻すというのは、たぶん内閣制度設立以来、初のことでしょうね。

前川　いやいや、私なんか軟弱者です。ずっと文科省で面従しておきながら、辞めたあと好き勝手に発言しているわけですから。反乱でも反逆でもありません。

寺脇　記者会見での前川さんの発言がきっかけとなり、加計学園問題が連日報道されることになりましたが、そうした中、菅義偉《すがよしひで》官房長官が、前川さんの引責辞任について、「当初は責任者として自ら辞める意向を全く示さず、地位に恋々としがみついておりましたけれども、その後の天下り問題に対する世論からの極めて厳しい批判等にさらされて、最終的に辞任をされた」と言ったのを聞いて、私は心底驚きました。そんなことがあるわけない。

この菅官房長官の発言を受けて、記者会見はじめ、加計学園問題に関する前川さんの一連の行動は、天下り問題で辞めさせられた恨みを晴らすためだなど、根も葉もない噂を口にする連中がいて、本当に腹が立ちましたよ。

前川 天下り問題に関しては、全く釈明の余地はありません。責任を取って辞めるべき不祥事でしたから。

寺脇 確かにその通りだけど、他の省庁の中には、ウチの事務次官はあれくらいで辞めたりしない、などと言っている役人もいるらしいです。それを聞いて、処分の重みが分かっていないんじゃないかと思いました。文科省の行う教育行政では、違法行為をした教職員に対し、懲戒免職をはじめ、厳しい処分を科すことがあります。主に、教育委員会がそれを行い、教育長が代表して処分の原案を作ります。それ相応の理由があるにしても、処分は一人の人間の人生を左右し、家族をはじめ、周囲にも大きな影響を与えることになる。それを考えたら、責任者である教育長は自分自身にも処分を科すぐらいの覚悟が必要です。行政に関わる者が、自分たちが犯した法律違反について厳しい処分を受けないなんてあり得ません。

前川 この問題に関しては、文科省の職員が受け入れ側と直接、再就職の調整の話をしてしまったケースがいくつかありました。これはもう明らかな違法行為で、弁解のしようもありません。ただし、違反を指摘された事案の中に、受け入れ側の利益になるよう、その大学に職を得たＯＢが、学部の新設を認めさせようと現役の職員にねじ込むようなケースは一つも存在しません。言い訳に聞こえるかもしれませんが、それだけはありませんでした。

寺脇 そういう意味では、文科省ＯＢで、加計学園理事と、その系列の千葉科学大学の学長に就いた木曽さんはその典型ですよね。事務次官だった前川さんを訪ねて、加計学園の獣医学部新設をトップダウンで進めるよう言ってきたわけでしょう。

前川 天下りによる弊害の最たるものだと私は思います。受け入れる側は、ポストを用意する代わりに、その人が出身省庁の後輩に対し、自分たちに有利になるような働きかけをすることを期待している。ところが木曽さんの加計学園への再就職は、何ら規制に抵触していない。

寺脇　ただ、他の省庁も天下りはしているじゃないか、と開き直るのはよくない。自分がしてはいけないというだけの話ですから。そこで役人の自律性が問われるんじゃないでしょうか。実際、文科省の天下り問題は、法律に反する部分があったわけなので、そのことは厳粛に受け止めるべきですよね。

前川　おっしゃる通りです。

官僚たちの面従腹背と忖度

前川　文科省時代は、ずっと面従腹背で仕事をしていましたが、今の座右の銘は「眼《がん》横鼻直《のうびちょく》」。これは道元禅師の言葉で、「眼は横に、鼻は縦についている」という当たり前のことを言っているんですが、要するに、真実をありのままに見て、ありのままを受け止める、そうすれば自他に騙《だま》されることもなくなるだろうと、そういう意味です。今、あちこちで講演を行っているのですが、そこで質問を受け付けたとき、「座右の銘は何ですか」と尋ねられ、思いついたのが、この「眼横鼻直」という言葉です。

寺脇 相手は「面従腹背」と言ってほしかったんじゃないの（笑）。

前川 僕はもう面従腹背じゃありませんと言いました。公務員のときには、確かに面従腹背で仕事していましたけど、もう面従する相手もいませんから。文科省時代には、確信的に〝面従腹従〟したことはありますよ。国民のためになると思えば本気になってやりました。

寺脇 わたしの友人でもある立川談四楼《たてかわだんしろう》さんという噺家《はなしか》さんがいて、ツイッターで、今、霞ヶ関では、「佐川（宣寿《のぶひさ》・前国税庁長官）になるな、前川になれ」が合い言葉として言われているとシャレでつぶやいたら、それがホントのことのように受け止められている、なんていう話がありますよ（笑）。

前川 忖度か面従腹背か、違いがよく分からない人も多いかもしれませんね。権力に従うという意味では、どちらも同じですから。本当のところはやっている本人に聞いてみないと分かりませんが、ただ、忖度は、この人はこうしてほしいだろうなと考え、言われなくても動こうとすること。能動的な受動性みたいなところがありますよね。面従腹背にもそういう側面はありますが、言われたことに従いながら、機を見て別な方向に舵《かじ》を切ろうとする、それが面従腹背でしょうか。私はそう理解しています。

倉重 なるほど、微妙な違いがあるわけですね。

前川 最近、裁判官も忖度しているんじゃないかと思うことがあります。具体的に何を指しているかと言うと、朝鮮学校に関する裁判です。朝鮮高校を高校無償化の対象にしないのは違法だと、国を相手取って5件の訴訟が起こされました。そのうち、判決が出たのが、広島地裁と大阪地裁、それから東京地裁です。大阪地裁は朝鮮学校側の訴えが認められ、国が敗訴しましたが、広島と東京の地方裁判所の判決は、朝鮮高校を無償化の指定から外したのは違法ではないという判決が出ました。

寺脇　でも、私から見たら、よくこんな理屈で国を勝たせるなというぐらい、その根拠は薄弱なものでした。これはもう、国を勝たせるという結論が先にあり、あとから理屈をひねり出したとしか考えられないようなひどいものでした。結局、裁判所の裁判官も、出世しようと思ったら忖度しないといけないのだなと。何しろ、法務省の局長クラスというのは、半分が裁判官の出身で、残りの半分は検事出身。要は裁判官も法務官僚だということですね。

倉重　朝鮮学校関係者と初めてつきあった文部省の役人は、実は私なんですよ。

寺脇　あ、そうなんですか。それはいつ頃のことですか？

1999年から2000年にかけてのことです。生涯学習という観点から見ると、国籍がどこであろうと、この国では学習権が保障されるべきなのに、当時の文部省は朝鮮高校に大学入学資格を認めてなかったんです。実態を知るために朝鮮学校に見学に行ったら、その縁で2006年の退官後、朝鮮総連系の改革派の人たちがつくったコリア国際学園というインターナショナルスクールの理事に就任することになった。それで、高校無償化の話が出たときに、コリア国際学園も指定してほしいと名乗りを上げました。もちろん朝鮮高校も認めるべきだと考えましたが、まずは突破口を開くべきだと思ったんです。無事、無償制度の対象にしてもらえました。

前川 2018年度以降、小・中学校の道徳の時間が順次、「特別の教科 道徳」へと格上げされることになりましたね。いわゆる「道徳の教科化」というもので、安倍政権の強い意向による政策です。しかし、一方で文科省は「考え、議論する道徳」に転換することを目指しています。正直言うと、これには担当の初等中等教育局が相当面従腹背していると思います。なぜなら、学習指導要領や教科書を見る限り、決まりや規律を守るよう指導を徹底するなど、自己抑制や集団主義が強調されているんです。その一方で、学習指導要領解説を読むと、「特定の道徳的価値を押し付けてはいけません、自ら考え、議論する道徳が必要」と書いてある。教科書はもちろん使用するけど、教科書以外の教材をたくさん使いましょうとも書いてある。表向きに掲げていることと、現場に対して発信しているメッセージが明らかにずれている。そこに私は初中局の面従腹背を感じますね。

寺脇 〝面従腹従〟しかしない人もいるよね（笑）。

前川 権力志向というんですか、そういう人はやっぱりいますよ。もともと文部科学省（旧文部省）は、権力を持ちたいと考える人間は、あまり入ってこない役所なんですけどね。

寺脇 木曽さんはまさにそのタイプ。

前川 そうかもしれませんね。今の現役文科省幹部の中にも、官邸と非常にいい関係をつくっている役人はいますよ。

寺脇 前川さん、以前、人の痛みを知らない人間は役人としてダメだと言っていましたよね。

前川 そうそう、小さい頃からずっと優等生で勝ち残ってきた人の中には、人の痛みが全然分からないという人がいますから。

寺脇　でも、そういう人間に限って、出世したりするんだよね。しかも定年を迎えても、既存のポストにしがみついたりする。それを見ていると、内閣人事局制度というのは、ある意味、何でもありで、個人の采配で無法ができるシステムなんだなと思うときがありますよ。

倉重　森友問題でも内閣人事局制度が批判されていましたよね。省庁幹部の人事権を首相官邸に集中させている人事局の存在が、必要以上の忖度を生み出しているんじゃないかと。

寺脇　内閣人事局制度がいい制度だと思っている役人は、安倍政権だけじゃなく、民主党政権も含めて、みんなおかしいわけですよ。さっきも話した、役人の自律性、自らを律するということを排除しているわけですから。たとえば文部科学次官を何年か務めたら、次の世代に譲っていくわけじゃないですか。文部省だった時代に周囲から大物次官と見られた佐藤禎一さんが辞めるとき、局長、審議官クラスの人たちが止めたんですよ、もう少し残ってくださいと。

前川 そうなんですか。佐藤さん、人望ありましたからね。

寺脇 それで私、佐藤さんに聞いてみたんです。みんなが残ってくれと頼んでいるのに、どうして辞めるんですかと。そしたら、佐藤さんが、「（このまま続けたら）人心が倦《う》む」と言われたんです。なるほど、それじゃあ仕方ないなと。どんなに慕われていても、どんなに大物次官と言われたとしても、引け時は自分で見極めなければいけないということです。まして、定年制というものがあるわけですから。どんなに素晴らしい人でも後進に道を譲るために60歳、あるいは65歳で切るというのが、定年制度なわけでしょ。それをお前は延長していいよ、お前は終わりだよ、みたいなことを政治家が決めるのはおかしいと思うんですよ。前川さんは延長でしたっけ。

前川 いえ、私は延長手前で引責辞任しました。

寺脇 役人が自分のほうから定年を延長してくださいと願い出るのは、あまりかっこいいことじゃない。いや、まったくかっこ悪いですね。面従腹背と同時に、前川さんには、この役人の自律性、自治性の重要性についても広く伝えていってほしいと思います。

寺脇研（てらわき・けん）
1952年生まれ。東京大学法学部卒業。1975年文部省（現・文部科学省）へ入省。1992年文部省初等中等教育局職業教育課長、1993年広島県教育委員会教育長、1997年文部省生涯学習局生涯学習振興課長、2001年文部科学省大臣官房審議官、2002年文化庁文化部長等を歴任。2006年退官。現在、京都造形芸術大学教授。

倉重篤郎（くらしげ・あつろう）
1953年東京都生まれ。1978年東京大学教育学部卒業、毎日新聞入社。水戸、青森支局、整理、政治、経済部を経て2004年政治部長、2011年論説委員長、2013年専門編集委員。

おわりに

面従腹背から眼横鼻直へ

「面従腹背」は加計学園問題に関するあるテレビ局のインタビューを受けていたときに口にした言葉だ。「私の座右の銘は面従腹背なんですよ」と語った覚えがある。文部官僚として本当に国民のため、子どものため、現場の教師のために働くことを考えたら、その時々の上司である大臣など権限を持つ政治家の言うことを、そのまま聞くわけにはいかない場合があるのだ。

政治家は国民から選挙で選ばれ、直接国政を信託されている。一方、官僚は競争試験で採用され、その身分は保証されている。ゆえに国民は政治家を取り替えることはできるが、官僚を取り替えることはできない。そう考えれば、政治家が官僚よりも上位にいなければならないことは当然だ。しかし、官僚には官僚の専門性があり、長年にわたって蓄えられた知識と経験がある。政治家と官僚との間には、ある種の緊張関係がなければならないと思う。どちらかがどちらかに依存してしまってはいけない。

38年間の役人生活で、「やりたかったことでやれたこと」「やりたかったことでやれなかったこと」「やりたくなかったことでやらざるを得なかったこと」「やりたくなかったことでやらないで済んだこと」を考えてみると、その割合は1対4対4対1くらいだろうか。政治家の下で組織の中で仕事をする以上、やりたいことばかりできるわけではない。しかし、役人がいなければ世の中は回っていかない。誰かがやらなければならない仕事だ。制約の多い中でも、行きつ戻りつしながらも、少しずつ前に進むことはできる。そして、政治家が理に合わないことをせよと言う場合には、面従腹背も必要なときがあるのだ。後輩の官僚諸君には、そういう粘り強さや強靭さを持っていて欲しい。

私自身は、すでに官僚を辞めて1年以上になる。政治家と付き合う必要もなくなったし、やりたくないことをやらされることもない。檻《おり》の中から解放された気分だ。やりたいことをやり、言いたいことを言って過ごしている。新しい友人もたくさんできた。

だから「面従腹背」は、もはや私の座右の銘ではない。あるとき「座右の銘は?」と訊かれたので、はて今は何だろうと考えて、ふと出てきた言葉が「眼横鼻直」だった。「がんのうびちょく」または「げんのうびちょく」と読む。鎌倉時代に宋の国から曹洞宗を伝えた道元禅師の言葉だ。眼は二つ横に並んでいる。鼻は縦についている。当たり前のことを言っているに過ぎない。ありのままでいいということだ。第二の人生は、眼横鼻直でいこうと思っている。

本書は、先輩の寺脇研さんの「君も単著をものすべきだ」という勧めにより、寺脇さんと旧知の元毎日新聞記者、梁瀬誠一さんに仲介をいただいて出版の運びとなったものである。毎日新聞専門編集委員の倉重篤郎さんには、本書のために特別座談会を開いていただいた。毎日新聞出版の峯晴子さんには、何度もスケジュール変更をお願いしてご迷惑をおかけした。不完全ながらも一書の体をなすことができたのは、彼女に尻を叩いていただいたおかげである。これらの方々に心より感謝の意を表したい。

2018年5月

前川喜平

始めた当初は、ほぼ独り言のつぶやきだったが、2018年3月半ばから突然フォロワーが増え始めた。

2018年3月16日

「あれ? フォロワーが急に増えている。」

2018年3月16日

「フォロワーそんなに増えちゃ困る。。。」

2018年3月17日

「あらら、千人を超えてしまった。。」

この原稿を書き始めた2018年3月3日の時点では、フォロワー数23。まだまだ独り言だったが、気がついたら1000人を超えてしまった。独り言ではなくなってしまったため、いったん非公開とさせていただくことにした。

38年在籍した文部科学省を辞めた2017年1月から2カ月後、こんなツイートをしていた。

2017年3月25日

「安倍右翼政権を脱出し、僕は本当に1市民になった。空を飛ぶ鳥のように自由に生きる。」

2017年3月25日

「面従腹背さようなら。」

2017年3月25日

「国家戦略特区の仕掛けを造り上げ、「岩盤規制の突破」という大義名分のもとを、人獣共通感染症対策などを口実にして、お友達（加計孝太郎とその息子）のために、嫌がる文部科学省に無理矢理「1校限りの獣医学部新設」という超特別扱いを認めさせたのも、国家権力私物化の極みである。」

2018年4月から小学生が教科として学ぶ道徳をめぐる教科書の検定で、教科書会社が「パン屋」を「和菓子屋」に修正したというニュースを受けて。

2017年4月7日

「道徳の教科書検定。文部科学省がなんと言い訳しようと、パン屋で通らなかったものが和菓子屋にしたら通ったという事実は残る。バカな話だ。パン屋さんたちが憤慨するのは当たり前だ。」

2017年4月7日

「パン屋を和菓子屋になどというあほらしい変化から、恐ろしいファシズムが少しずつ成長していく。危険だ。」

しかし、2014年7月1日、安倍政権は集団的自衛権の行使を認める憲法解釈を閣議決定した。

2014年7月2日

「アメリカがいかに多くの大義なき戦争を繰り返してきたことか。僕らのこの国を、アメリカと一緒に戦争する国にしてしまうなんて、断じて許せない。」

安保法制が参議院の特別委員会で強行採決された日のツイート。

2015年9月17日

「アメリカがやったベトナム戦争は何だったんだ！ イラク戦争は何だったんだ！ 正義なき戦争を仕掛けてあまりにも多くの罪なき人々を殺したではないか！ もう戦争はしないと誓ったこの国を、アメリカと一緒に戦争する国には絶対にしたくないのだ！」

核兵器については、こんなツイートをした。

2016年4月1日

「憲法は核兵器使用を認めているとの政府見解。ついにそこまで言うか！ 一般市民を大量に虐殺することが、最小限の自衛力の行使に含まれるはずがないではないか！」

在日コリアンに対する気になる発言を耳にしてのツイート。

2016年6月27日

「橋下徹がTVで在日コリアンを「大阪にいる北朝鮮の人」と呼んだ。大阪で府知事・市長までやった人間が、在日に対してこの程度の認識しか持っていないとは！」

2017年4月7日

「個人の尊厳を真っ向否定する価値観に立つのが教育勅語だ。憲法とも教育基本法（改悪後においても）とも両立し得ないものだ。」

2017年4月7日

「道徳には唯一の正解は無い。人間社会の中で揉まれながら形づくられるものだ。天皇のご先祖（皇祖皇宗）が決めたものではない。」

2017年4月7日

「教育勅語は、天皇家をご本家とする家族国家の観念に立っている。家父長制家族制度とも一体のものだ。忠と孝とで国民を家族国家に縛り付ける道徳だ。それを『我が国体の精華』などと言っているのだ。そんな虚構を信じ込ませる教育など、『教育』の名に値しない。」

集団的自衛権についてのツイート。

2014年5月2日

「石破自民幹事長『集団的自衛権は当初は限定的。必要なら広げる』と米で講演。衣の下の鎧丸出し。集団的自衛権など絶対に認めてはならない。アメリカと一緒になって戦争するようなことをしてはならない。」

2014年5月9日

「安倍政権はいよいよ危険になってきた。集団的自衛権を認める解釈改憲は絶対許してはならない。」

2014年4月9日

教育勅語には、基本的人権も国民主権も平和主義もひとかけらも含まれていない。神武天皇なる架空の存在が、国を肇（はじ）め、徳を樹（た）てたなどという作り話からはじまるカルト的文書だ。戦前の日本をカルト国家にしたてあげた教義そのものだ。

2014年4月27日

教育勅語『ヨク忠ニヨク孝ニ億兆心ヲ一ニシテヨヨソノ美ヲナセル』は『日本の国柄を表している』と下村文部科学大臣。『國體の本義』まで再生させるつもりか!! 話にならない!

「國體《こくたい》の本義」とは、1937年に文部省が編集した著作物で、日本がいかなる国であるかを説いている。日本は天皇の祖先にあたる天《あま》照大神《てらすおおみかみ》の命令（神勅）に基づき、万世一系の天皇が治める国であり、天皇を中心とする大きな家族のような国であるとする。そういう日本においては、忠孝の道徳が臣民（天皇に従う民）によって守られ、個人主義も自由主義も民主主義も、「國體」にそぐわないものとして否定されるとする。当時の日本人の精神を超国家主義一色に染めようとした文書だ。「国柄」という言葉は「國體」を指す言葉である。そのようなものを国家の属性として措定すべきではない。国家とはあらゆる多様性を含むものでなければならない。「国柄」などという言葉は、「國體」という言葉と同様、現代においては死語だと言うべきである。

前記は2014年4月25日の衆議院文部科学委員会での下村大臣の発言を受けてのもの。その後も教育勅語批判のツイートは何度もしている。

2017年4月7日

学校で児童・生徒に教育勅語を朗読させてもかまわないと義家副大臣。冗談じゃない!

2013年12月27日

「靖国問題はまず日本国民の問題だ。国民を戦争へ駆り立てる装置だった靖国神社は、戦後真っ先に廃止すべきだったのだ。神殿を解体し鳥居を外し、『九段公園』とでも名付けてお花見の名所にすればよかったのだ。」

石橋湛山《たんざん》は1957年に内閣総理大臣になった政治家だが、戦後政治に転じる前は東洋経済新報を本拠とするジャーナリストだった。彼が1945年10月、敗戦の2カ月後に東洋経済新報に発表したのが「靖国神社廃止の議〝難きを忍んで敢て提言す〟」という記事である。その論考の中で彼は、「大東亜戦争は万代に拭う能はざる汚辱の戦争として、国家を殆ど亡国の危機に導き」「其等の戦争に身命を捧げた人々に対しても、之れを祭って最早『靖国』とは称し難きに至った」とし、「此の際国民に永く怨みを残すが如き紀念物は仮令《たとえ》如何に大切のものと雖《いえど》も、之れを一掃し去ることが必要であらう」と述べている。湛山の息子は招集されて戦死している。彼自身戦没者の遺族なのだ。

教育勅語については、2014年4月9日にツイートした。

2014年4月9日

「教育勅語を『至極まっとう』と下村文科大臣。まっとうな人間の言うことじゃない!」

このツイートは、2014年4月8日の記者会見での下村博文文部科学大臣の発言を受けてのものだ。さらにこう続く。

2013年5月11日

「人権は憲法によって『与えられた』ものではない。憲法によって『保障された』ものだ。誰からの侵害に対して？ 国家権力からの侵害に対してだ。」

2013年5月11日

「『国賦人権論』などというものをのさばらしてはいけない。『国が与える人権』なんてものは無い。それはもはや人権ではない。」

今改憲を声高に唱える人たちは、個人ではなく国家、人権ではなく国権を先に考える人たちだ。この人たちの言う「改憲」は現行憲法の改正の限界を超えており、個人の尊厳に立脚する国家体制を転覆させ、時代を逆戻りさせる反革命である。

靖国神社についてのツイート。

2013年4月23日

「靖国神社の前身は招魂社。『戦死すれば英霊としてまつられるのだから、国民は喜んで死ね』と山縣有朋が作った、戦争する国家のための装置だ。こんなもの廃止しろと言った石橋湛山は正しかった。」

2013年4月24日

「間違った戦争に駆り出されて亡くなった人たちは、決して英霊でも名誉の戦死者でもない。国家権力によって人殺しを強制され、意味もなく犬死にすることを強いられた犠牲者だ。」

2013年3月1日

「義家文科政務官が竹富町に『育鵬社の教科書を使え』と迫ったと。ヤクザの言いがかりに等しい蛮行だ。負けるな小さな竹富町!」

2013年3月3日

「がんばれ竹富町! 負けるな慶田盛教育長!」

2013年3月28日

「権力ある不正義は正義を僭称《せんしょう》し、権力のない正義は不正義の汚名を着せられる。竹富町の正義は文科省の不正義によって押し潰される。」

憲法についてはこんなツイートをしている。

2013年4月1日

「3月29日参院予算委で民主党小西洋之氏『憲法の中で最も大切な、個人の尊厳を総括的に定めたのは何条か』安倍総理『いきなり聞かれても答えられない』『クイズのような質問は生産的ではない』。個人の尊厳を謳う憲法13条は、安倍氏にとってはクイズ程度の軽さなのか?」

内閣総理大臣たるもの、憲法13条の重要性くらいは知っていてほしいものだ。その程度の憲法知識しかない人に、改憲を口にする資格があるだろうか。

2013年2月21日

「高校無償化制度から朝鮮高校生を排除。拉致問題や核実験を理由に？ 生徒には関係ない！ 江戸の仇を長崎どころか火星で討つようなもの。露骨な民族差別だ。情けない。」

2013年4月5日

「防犯ブザーを朝鮮学校の児童にはあげなかった町田市教委。『空気』への過剰適応。ファシズムへの傾斜の兆候を感じる。このような差別は、徹底的に糾弾すべきだ。」

2013年4月5日

「いわれなき差別を受け、心ない暴言を浴びせられる在日コリアンの子どもたちにこそ、防犯ブザーが必要だ。」

国が高校無償化制度から朝鮮高校生を排除したことは、不当な差別であり法の下の平等に反すると私は思う。北朝鮮による拉致問題や核兵器開発を排除の理由にするのは全く合理性がない。町田市の教育委員会は、毎年小学校の新入生に防犯ブザーを配っていたが、この年、市内の朝鮮初級学校の児童への配布をやめた。その理由に市教委は北朝鮮のミサイル発射や核実験を挙げ、市民への説明がつかないと説明した。しかしそれは、全く説明になっていない。ただ声の大きい右翼の圧力に屈しただけだったのだろう。こういう不当な差別が繰り返され、あからさまな民族差別が容認されるようになれば、どんどんナチスのユダヤ人排斥に近づいていく。

八重山教科書採択問題について最初にツイートしたのは2013年3月1日だ。

厳や立憲主義のなんたるかも知らず、真っ当な議論をする意思も能力もなく、「反日」「自虐」「偏向」などの言葉を投げつけて相手を威嚇する。そんな政治家がウヨウヨと存在する。そういう政治家たちにお追従《ついしょう》を言いながら付き合うことは、内心にかなりのストレスをもたらすことだった。

2013年1月24日

「ヒトラーは民主主義が産んだ独裁者だった。日本国民の皆さん、このドイツ国民が80年前に犯した過ちと同じ過ちを犯してはいけないのです。」

民主主義は万能でも万全でもない。多数決原理にのみ正当性を与えてしまうと、民主主義はとんでもない暴走を招く危険性を持っている。日本国民はそういう民主主義の失敗を経験していない。だから、ドイツ国民の失敗から学ぶことが必要なのだ。

2013年1月25日

「平和憲法で平和が守れるなら、台風も禁止すればよい(田中美知太郎)。この比喩は間違っている。台風は自然が起こすもの、戦争は人間が起こすものだからだ。」

2013年1月25日

「平和は、平和を守ろうとする人間の意志がなければまもれないが、台風は、台風を避けようとする人間の意志があっても避けられない。」

台風は人間が止めようとしても止められない。しかし、戦争は人間が止めようとすれば止められる。台風と戦争を同一視するのは間違っている。

朝鮮高校の高校無償化からの排除についても、私はツイートしている。

2012年12月18日

「好戦的国家主義者の憲法改悪を許してはならない。平和憲法の真価が今問われている。」

2013年1月8日

「ファシズムが忍び込んで来ている。精神の自由は絶対に譲らないぞ。」

2013年1月24日

「今日の教育再生実行会議、教育勅語と修身科の復活を主張した委員がいたとか。危ない。本当に危ない。」

この委員は加戸守行氏（前愛媛県知事）のことだ。加戸氏は、2013年1月24日の第1回教育再生実行会議の席上、次のように発言した。

「小学校の教科目の筆頭は修身でした。その後に国語、算数が続きました。教育勅語では8つの徳目を明示しました（中略）戦後、これが断罪され、修身が廃止され、教育勅語も失効し、そして、権利と自由だけが主張され、義務と責任がなおざりになった。これが今日の姿につながっているのではないかと思います」

2013年1月24日

「愛国心はならず者の最後の拠り所。個人の尊厳を踏み躙《にじ》るイデオロギーとは徹底的に闘わなければならない。」

Patriotism is the last refuge of the scoundrel.

これは18世紀の英国の文学者サミュエル・ジョンソンの警句だ。街宣車を乗り回し、口汚くがなり立てる右翼の醜態は、暴力団と変わりないが、国会議員の中にもそれに近い人たちがいる。個人の尊

＼ 面従は
一切なし ／

Twitterなら何でも言える

ほぼ独り言の「腹背発言集」

実は、私はTwitterをしている。
始めたのは2012年12月、
民主党政権から自民党・公明党連立政権への
政権交代をもたらした総選挙の直後だ。
私は、改憲の方針を公にしている安倍晋三氏が、
再び内閣総理大臣として政治権力を握ることに
強い危機感を抱いていた。
Twitterの名前は「右傾化を深く憂慮する一市民」。
ここでつぶやくことで、私は精神の平衡を維持していた。
いわば、密かな「腹背発言集」である。
しかし、それらを読んでいる人は、
私自身以外にはほとんどいなかった。
ほぼ独り言のつぶやきであった。

著者紹介
前川喜平（まえかわ・きへい）
１９５５年奈良県御所市生まれ。東京大学法学部卒業。１９７９年、文部省（現・文部科学省）入省。宮城県教育委員会行政課長、ユネスコ常駐代表部一等書記官、文部大臣秘書官などを経て、２０１２年官房長、２０１３年初等中等教育局長、２０１４年文部科学審議官、２０１６年文部科学事務次官に就任。２０１７年１月、退官。現在、自主夜間中学のスタッフとして活動。

面《めん》従《じゅう》腹《ふく》背《はい》

第1刷　2018年6月30日
第3刷　2018年7月30日

著者　前《まえ》川《かわ》喜《き》平《へい》

発行人　黒川昭良
発行所　毎日新聞出版
〒102-0074
東京都千代田区九段南1-6-17 千代田会館5階
営業本部　03(6265)6941
図書第二編集部　03(6265)6746
印刷・製本　中央精版

ISBN 978-4-620-32514-9